U0093885

交易｜利潤分析｜趨勢｜行銷｜法規｜布局 必讀！

房產經營學

REAL ESTATE MASTERS

不動產協會理事長/大學教授 **林宏澔**

建設公司總經理 **林言峰**

建設公司總經理 **柯建利**

建設公司董事長 **廖子奇**

執業律師 **林明忠**

房產YouTuber **廖粲弘**

室內裝修公司總經理 **張清松**

土木技師 **陳志德**

房產代銷總經理 **劉浩然**

合著
(按內文順序排列)

| 召集人序 |

「學力」代表未來

2008 年美國金融海嘯時，筆者創立了「創世紀不動產教育訓練中心」，專門推廣正確的不動產投資知識，並聘請了上百位實務經驗豐富的老師，包含律師、建築師、會計師、地政士以及業界董座，教授一系列不動產土地投資、仲介代銷、營造、建築設計等多項課程，幫助了無數的學員，增進不動產的技能。

在 2016 年，筆者結合產官學界的朋友，成立了「台北市建築經營管理協會」，作為學員互動聯誼的平台。2020 年，由於中南部的學員增多，學員反應也需要成立互動平台，故在這年成立了「中華民國不動產經營管理協會」，並且成立台中總會、雲嘉分會、台南分會以及高雄分會，成為了全國唯一可以在地學習但是又能與全台學員互動交流的平台，豐富了每個學員的生命，創造大家美好的回憶，更有許多學員改變了命運，找到了好的投資標的、好的事業夥伴，實現了自己的夢想！

本書召集了協會重要幹部，從許多面向探討房地產的專業，從〈不動產投資獲利攻略〉、〈危老屋的商機與趨勢〉、〈危老重建流程全攻略〉、〈奧運國手背後的推手〉、〈建設公司的經營與挑戰〉，到討論法律面的〈違建的利與弊〉，行銷面的〈自媒體流量變現術〉、〈3D 動畫與不動產的結合〉，以及產品規劃面的〈橫跨三代的共居藍圖〉等房地產重要議題，皆有深入的探討與分享。

希望藉由本書幫助一般投資大眾及建築業、房仲業、地政士等不動產相關同業，建立更專業與實務的房地產知識，也非常歡迎讀者，加入我們學習交流及成長的平台——「中華民國不動產經營管理協會」和「台北市建築經營管理協會」，我們協會活動上見！期待與您相遇！

林宏諭

目　錄
CONTENTS

第 1 篇

林宏澔 教授◎著

不動產投資獲利攻略

CONTENTS

林言峰 總經理◎著

危老屋的商機與趨勢

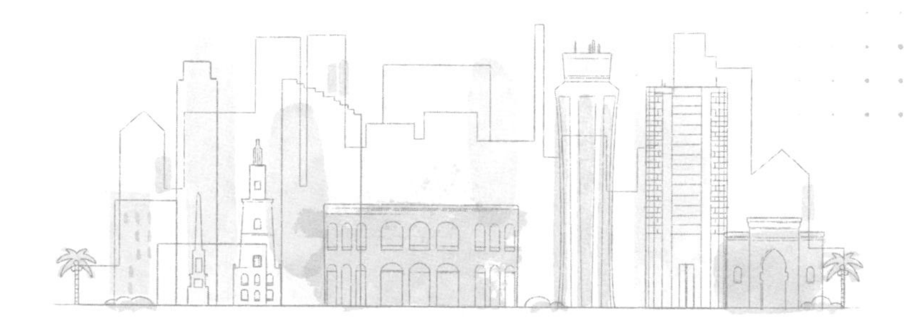

第 3 篇

柯建利 總經理◎著

奧運國手背後的推手

第 4 篇

廖子奇 董事長◎著

建設公司的經營與挑戰

第 5 篇 林明忠 律師◎著

違建的利與弊

第 6 篇 廖槃弘 房產 YouTuber ◎著

自媒體流量變現術

第 7 篇

張清松 總經理◎著

3D 動畫與不動產的結合

第 8 篇

陳志德 土木技師◎著

危老重建流程全攻略

CONTENTS

第 9 篇

劉浩然 總經理◎著

橫跨三代的共居藍圖

不動產投資獲利攻略

作者介紹

林宏澔 教授

現職

* ＊逢甲大學建設學院 / 宏國德霖科技大學 副教授
* ＊創世紀不動產教育訓練中心 總經理
* ＊中華民國不動產經營管理協會 理事長
* ＊台北市建築經營管理協會 創會理事長
* ＊創世紀商務中心 總經理
* ＊暢銷書《賺大錢靠土地》作者
* ＊「房地產投資利潤自動分析系統」專利發明人
* ＊ 25 年房地產實戰經驗，任職上市建設公司期間，購買土地金額超過 150 億

歡迎預約演講或企業內訓，

請電洽 (02) 2758-6028 由專人接洽。

林宏澔

1-1 如何投資土地價值極高的房地產？

房價＝房屋重建成本＋土地價值。

大多數的消費者購買房屋時都注重房屋的生活機能、學區、交通等因素，但卻忽略了其實購買一間房屋，除了會獲得房屋所有權狀之外，還會得到土地所有權狀。

土地所有權狀揭露土地的資訊，土地的價值有多少，更是影響了不動產的未來價值。所以如何投資土地價值極高的房地產呢？一般民眾會覺得房價為什麼會越來越貴？為什麼 50 年老公寓房價還是如此地高？其實所謂房價是包含了房屋本身的價值和房屋本身所持有的土地價值，房子會老，會需要重建，所以其內含的土地價值就特別重要！老公寓房價正是因為土地價值很高，所以房價還是居高不下。

土地價值要如何計算？

步驟一、查詢土地的使用分區

每一塊建地都有規定容積率，所以在進行重建申請前，要先查清楚這塊土地的容積率，想知道適用哪種容積率就要先調查土地的使用分區，住宅用、商業用或工業用的容積率都不一樣，這時候就可以上內政部營建署城鄉發展分署國土規劃入口網，點選下方的「全國土地使用分區資料查詢系統」，就可以開始查詢。

最新公告

1.都計案件上傳更新：臺南市政府2021-01-28擴大及變更虎頭埤特定區計畫（第二次通盤檢討）（暫予保留第2案）（部分公園用地、乙種旅館區、步道用地、道路用地為水域用地、健康休閒專用區、公園（兼供滯洪池使用）用地、廣場兼停車場用地、綠地用地、道路用地）案已於2021-03-23上傳更新

2.都計案件上傳更新：宜蘭縣政府2019-10-04變更宜蘭市都市計畫(健康休閒專用區)細部計畫書(修訂土地使用分區管制要點)案已於2021-03-18上傳更新

3.都計案件上傳更新：宜蘭縣政府2018-09-25「變更礁溪都市計畫（健康休閒專用區）細部計畫（第一次通盤檢討）」案(第二階段)已於2021-03-18上傳更新

4.都計案件上傳更新：屏東縣政府2021-01-15變更琉球風景特定區計畫（部分墳墓用地為殯葬設施用地）案已於2021-03-17上傳更新

5.都計案件上傳更新：宜蘭縣政府2017-11-29變更大湖風景特定區計畫(第二次通盤檢討)案已於2021-03-17上傳更新

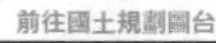

前往國土規劃圖台

國土規劃地理資訊圖台

本圖台提供國土規劃地理資訊圖台功能，民眾不需登入可查詢都市計畫、非都市土地、國家公園、各項環境敏感地區圖資、各項災害潛勢及防救災圖資。圖台功能包括：切換各種底圖、查詢圖資屬性、製作統計地圖、統計分區面積、上傳本機圖層、瀏覽街景、GPS定位及列印等，可用於瞭解全國土地使用現況及各區域環境敏感、災害潛勢套疊情形。

前往分區查詢系統

全國土地使用分區資料查詢系統

本系統提供各界查詢全國土地使用分區資料，包括都市計畫、非都市土地及國家公園使用分區。系統功能包括：行政區、道路、門牌、地號查詢定位、土地使用分區面積統計、歷次計畫案查詢、距離面積量測、底圖切換等輔助功能，為唯一可於單一網站查詢全國土地使用分區圖資之系統。

圖 1　國土規劃入口網首頁

點開頁面左上方的「系統功能」，叫出查詢功能選單（如圖 2），再點進「都市計畫區」。輸入查詢縣市與道路後，點擊旁邊的定位，地圖就會拉近至指定位置。

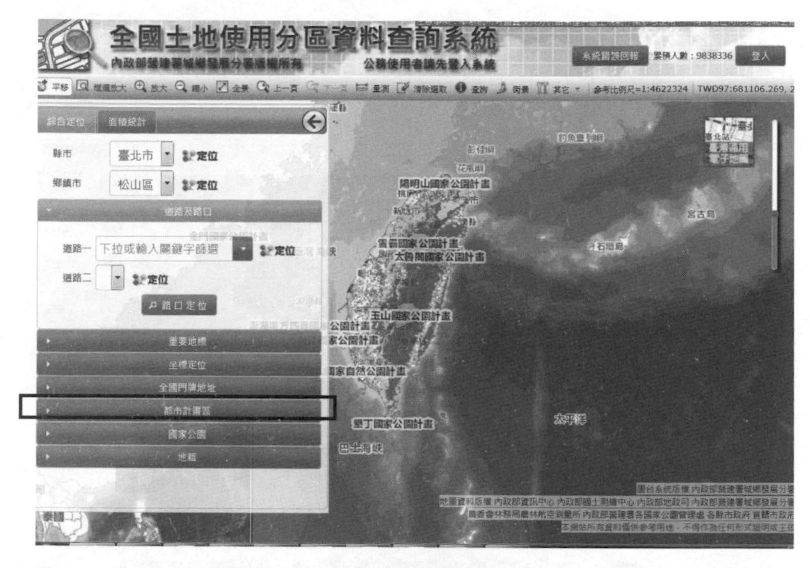

圖 2　全國土地使用分區資料查詢系統頁面

圖 3　查詢使用分區

點擊上方功能列的「查詢」後，用滑鼠點擊地圖任一位置，就能打開查看該地點的使用分區，如再進入各縣市的都市計畫查詢系統，就可知道容積率。

步驟二、查詢建蔽率及容積率

建蔽率，指的是建築物在基地上的最大投影面積與基地面積的比率，比如 100 坪的基地可以蓋 60 坪，建蔽率就是 60/100 ＝ 60%。將一樓建築面積除以基地面積，即為建蔽率。

若建蔽率為 60%，表示法定上限為 60%，建蔽率可以是 30%、40%、50%，但最多不得超過 60%。

容積率，指得是各樓層的樓地板面積（即為容積）總和除以基地面積再乘以百分比，亦即全部的建築面積除上基地面積，是為容積率。100 坪的基地，若容積率為 300%，表示可以蓋 100×300% ＝ 300 坪的建築面積。

步驟三、依公式計算土地價值

土地價值＝（附近預售屋售價 /1.35 －施工成本）× 容積率 × 免計容積係數

案例分析

目前有一間老公寓（A 屋）假設建坪 40 坪，土地坪 10 坪，其使用分區為第 4 種商業區，容積率 800%，其附近預售屋行情一坪售價 110 萬，興建成本預估 30 萬，現在我們就來計算這間公寓的土地價值：

1. 計算土地的坪效

   $\underset{\text{註 1}}{\underline{800\%}} \times \underset{\text{註 2}}{\underline{1.5}} = \underset{\text{註 3}}{\underline{1200\%}}$

   註 1：容積率

   註 2：免計容積係數

   註 3：坪效

2. 計算興建房屋中土地的成本（B）

   地價（A）/ 1200% ＝土地成本（B）

3. 推估合理的地價（A）

   （B ＋施工成本）×1.35 ＝新屋售價

   （B ＋ 30）×1.35 ＝ 110 萬

   B ＝ 51.48 萬

   A ＝ 51.48×1200% ＝ 617.76 萬

簡化後土地價值＝（附近預售屋售價 / 1.35 －施工成本）× 容積率 × 免計容積係數

＝（110 / 1.35 － 30）×800%×1.5

＝ 617.76 萬

A 屋土地有 10 坪，故其土地價值為 10×617.76 萬＝ 6,177 萬

說明

1. 計算土地的坪效

首先計算土地的坪效，容積率乘上 1.5 的原因，是因為蓋房子有陽台、有雨遮、有屋突，還有地下室、機車停車位、機房、梯廳等等，這些都不計入容積，稱為虛坪係數，也就是說，你的使用容積還要再計入這些公設的部分，才算是你實際興建的總容積。

容積率乘上 1.5 得到的數值，就是指實際可以做的容積，也就是這塊土地最大的坪效。

2. 計算興建房屋中土地的成本

蓋房子有兩個重大成本，一個是興建房屋的成本（營造成本），一個是買土地的成本（土地成本），假設土地一坪售價 1,200 萬，從 1 算出最大坪效為 1200%，也就是土地 1 坪最多可以蓋 12 坪的房子，所以房子每坪中的土地成本為 1,200 萬 / 1200% ＝ 100 萬。

3. 預估銷售的合理房價

興建成本 1 坪為 30 萬，從 2 得出興建房屋中土地的成本 B，將這兩個成本相加後再乘於 1.35。1.35 是合理的評估係數（包含 20% 合理利潤與 15% 其他費用），一定要有獲利才會有投資的動力，20% 為建商合理的利潤，剩下的 15% 則來自建案該有的設計費、推出後的廣告銷售費、土地增值稅，及借款利息等等，這些費用也必須計入成本中。

所以（B ＋施工成本）×1.35 ＝新屋售價

由 3 可以反推 B，再由 B 反推 A 的地價。

位於商業區的老公寓，暗藏哪些玄機？

商業區容積率的算法

根據《台北市土地使用分區管制自治條例》第25條之規定，商業區的建蔽率與容積率都有上限，此外，法定容積率還要看基地面臨道路最寬的那一面，以面臨最寬的道路寬度（單位為公尺）再乘上50%，得到的容積如果未達300%者，以300%計。台北市商業區的基本建蔽率及容積率規定如下：

商業區種別	建蔽率	容積率
第一種	55%	360%
第二種	65%	630%
第三種	65%	560%
第四種	75%	800%

前面B屋假設與A屋相同，一樣是建坪40坪，土地坪10坪，使用分區為第四種商業區，但因臨中華路一段91巷，臨路4米，故其容積率計算為4米×50%＝200%。未滿300%，以300%計算，所以其容積率為300%，則其土地價值計算為10×[（110/1.35）－30]×300%×1.5＝2,317萬。

同一個區域的公寓，但是其所含的土地價值與A屋相差了6,177萬－2,317萬＝3,860萬。

另外類似條件的C屋，因其面臨延平南路，道路寬約12米，故其容積率計算為12米×50%＝600%，則其土地價值計算為：10×[（110/1.35）－30]×600%×1.5＝4,633萬。

所以結論就是，即使一樣位於同一區域的三間公寓，其所內含的土地價值是截然不同的，所以投資房屋時，一定要注意土地的價值！

1-2 如何投資高投資報酬率的房屋？

評估房價的另一種方式，是以可收的租金來評估房屋的價值，就好像目前投資股市大家熱衷的存股法，存股投資人在意的是股利，以高投資報酬率投資房市，投資者注重的不是房價的漲跌，而是有固定收益的報酬，也就是租金。以這種模式評估房價的方法稱為「收益法」。

收益法有兩種評估方式（《不動產估價技術規則》第 32 條）：

1. 直接資本化收益法

   $P = R / I$

   房價＝未來平均一年期間的淨收益 / 收益資本化率

2. 折現現金流量收益法

   折現現金流量分析法之計算公式如下：

   $$P = \sum_{k=1}^{n'} CF_k / (1 + Y)^k + P_{n'} / (1 + Y)^{n'}$$

   其中：

   P：收益價格

   CF_k：各期淨收益

   Y：折現率

   n'：折現現金流量分析期間

k：各年期

$P_{n'}$：期末價值

淨收益＝總收入－總費用

收益資本化率可選擇下列適合方法（《不動產估價技術規則》第 43 條）：

收益資本化率或折現率應於下列各款方法中，綜合評估最適宜之方法決定：

一、風險溢酬法：收益資本化率或折現率應考慮銀行定期存款利率、政府公債利率、不動產投資之風險性、貨幣變動狀況及不動產價格之變動趨勢等因素，選擇最具一般性財貨之投資報酬率為基準，比較觀察該投資財貨與勘估標的個別特性之差異，並就流通性、風險性、增值性及管理上之難易程度等因素加以比較決定之。

二、市場萃取法：選擇數個與勘估標的相同或相似之比較標的，以其淨收益除以價格後，以所得之商數加以比較決定之。

三、加權平均資金成本法：依加權平均資金成本方式決定，其計算式如下：

收益資本化率或折現率＝ $\sum_{i=1}^{n'} w_i k_i$

其中：

w_i：第 i 個資金來源占總資金成本比例

$\sum_{i=1}^{n'} w_i = 1$

k_i：為第 i 個資金來源之利率或要求報酬率

四、債務保障比率法：依債務保障比率方式決定，其計算式如下：

收益資本化率或折現率＝債務保障比率 × 貸款常數 × 貸款資金占不動產價格比率

五、有效總收入乘數法：考量市場上類似不動產每年淨收益占每年有效總收入之合理淨收益率，及類似不動產合理價格除以每年有效總收入之有效總收入乘數，以下列公式計算之：

收益資本化率或折現率＝淨收益率 / 有效總收入乘數

故假設一間房屋每月淨收益 2 萬，則一年淨收益為 2×12 ＝ 24 萬，而收益資本化率假設運用風險溢酬法而以 4% 計算，則此房屋價值應為 P ＝ 24 / 4% ＝ 600 萬。

1-3 貨比三家不吃虧的房屋比較法

比較法是指以附近相類似的房屋成交價格，經過比較分析與調整後，推算此房屋的價值。

透過下列七種情況調整推定房價（《不動產估價技術規則》第 19 條）：

一、情況調整

比較標的之價格形成條件中有非屬於一般正常情形而影響價格時，或有其他足以改變比較標的價格之情況存在時，就該影響部分所作之調整。

二、價格日期調整

比較標的之交易日期與勘估標的之價格日期因時間之差異，致價格水準發生變動，應以適當之變動率或變動金額，將比較標的價格調整為勘估標的價格日期之價格。

三、區域因素調整

所選用之比較標的與勘估標的不在同一近鄰地區內時，為將比較標的之價格轉化為與勘估標的同一近鄰地區內之價格水準，而以比較標的之區域價格水準為基礎，就區域因素不同所產生之價格差異，逐項進行之分析及調整。

四、個別因素調整

以比較標的之價格為基礎，就比較標的與勘估標的因個別因素不同所產生之價格差異，逐項進行之分析及調整。

五、百分率法

將影響勘估標的及比較標的價格差異之區域因素及個別因素逐項比較，並依優劣程度或高低等級所評定之差異百分率進行價格調整之方法。

六、差額法

指將影響勘估標的及比較標的價格差異之區域因素及個別因素逐項比較，並依優劣程度或高低等級所評定之差額進行價格調整之方法。

七、計量模型分析法

蒐集相當數量具代表性之比較標的，透過計量模型分析，求出各主要影響價格因素與比較標的價格二者之關係式，以推算各主要影響價格因素之調整率及調整額之方法。

目前房價的查詢可以上內政部不動產實價登錄查詢網站，買賣查詢、租賃查詢、預售屋查詢以及預售屋建案查詢皆是公開資訊。

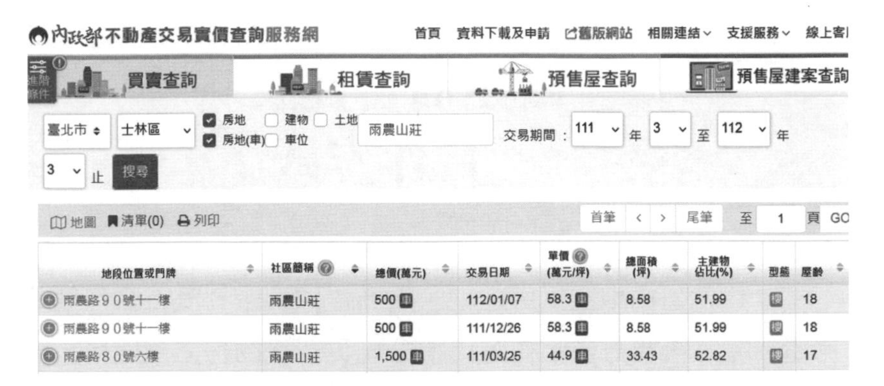

地段位置或門牌	社區簡稱	總價(萬元)	交易日期	單價(萬元/坪)	總面積(坪)	主建物佔比(%)	型態	屋齡
雨農路９０號十一樓	雨農山莊	500	112/01/07	58.3	8.58	51.99		18
雨農路９０號十一樓	雨農山莊	500	111/12/26	58.3	8.58	51.99		18
雨農路８０號六樓	雨農山莊	1,500	111/03/25	44.9	33.43	52.82		17

圖 4　內政部不動產交易實價查詢結果

資料來源：內政部

透過搜集相關資訊，在經過分析比較調整後，即可判斷房屋的價值。

1-4 跟建商合建有哪些合作方式？

合建就是由地主提供土地，建商提供資金，雙方合作興建房屋，完工後雙方依照約定比率分配更新後的房屋或所得，依分配的方式，主要有「合建分屋」、「合建分售」、「合建分成」、「委託興建」這四種方式。如果跟建商合作，哪種方式對屋主是比較有利的？這裡就幫大家分析看看！

合建的種類

合建分屋

會跟建商合作，大多數是出於營造資金不足或沒有經驗，建商是這方面的專家，又有資金管道，既出錢又出力的前提下，建商當然要有合理的利潤分配才行，因此延伸出「分屋」、「分售」、「分成」這三種模式。建商拿蓋好的房子跟屋主交換土地，地主則換到全新且增值的房子，雙方依分配比例來分配蓋好的屋子，就叫「分屋」，比方是五五分或六四分等。

合建分屋又分立體分屋、水平分屋和分棟分屋三種分法。假設蓋好的大樓是一棟 12 層樓的雙拼公寓，每一層有 A、B 兩戶，建商分得 A1 至 A12 樓，地主分得 B1 至 B12 樓，這種分法就是立體分屋（垂直）（圖 6）；如果一棟 12 層樓的公寓，1 到 6 樓分給建商，7 至 12 樓分給地主，這種以樓層面來劃分的方式就叫水平分屋（橫向）（圖 5）。假如基地上蓋了 ABCD 四棟建築，地主分到 AB 兩棟，建商分到 CD 兩棟，這種各自管理各自建築的分法就叫分棟法（圖 7），也是三種分法中爭議最小的方式！

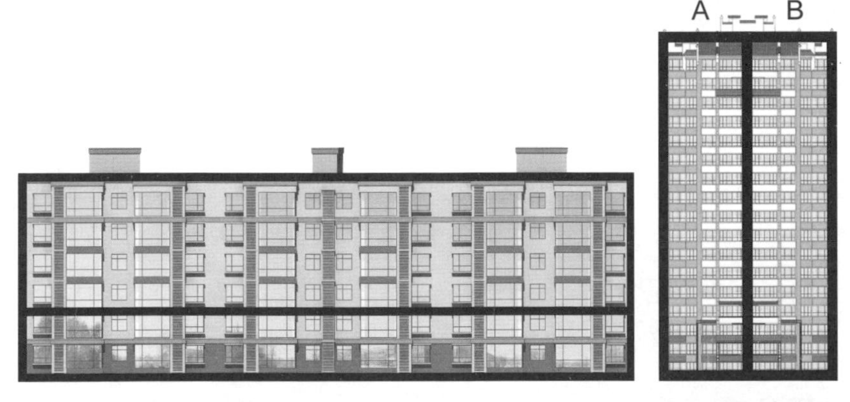

圖 5　水平分屋示意圖　　圖 6　立體分屋示意圖

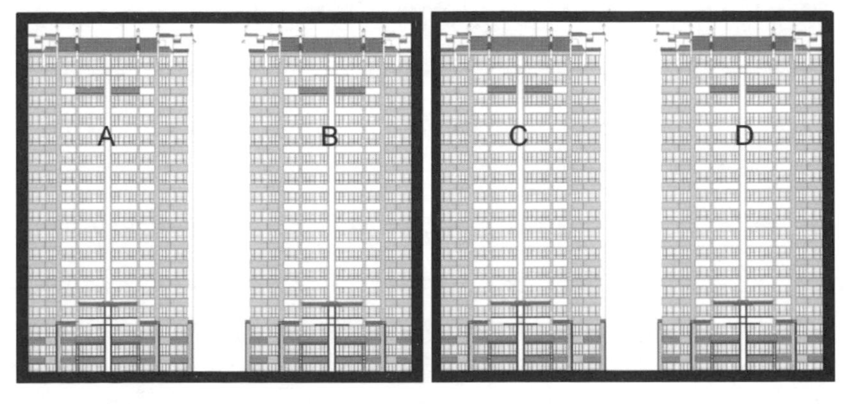

圖 7　分棟法示意圖

水平分屋爭議最大，因為建物 1 樓通常會做成店面，由於店面極有價值，不論出租或轉賣都能獲得相當大的收益，往往是雙方爭搶的目標。然而如果 1 樓不具店面價值，地主就會爭取較高的樓層，因為高樓層景觀好，房價也較高。如果是四層公寓合建，每層公寓所有權人都不同，原本 1 樓的屋主出於習慣會希望能住在 1 樓，2 樓屋主會希望繼續住在 2 樓，所以分配上也要考慮上述種種因素，選出最讓大家滿意的分法。

合建分售

建商蓋好房子後，房子歸建商，土地還是地主的，雙方各自銷售，就叫合建分售，也就是說，如果要買房子，就要分別跟地主簽「土地買賣契約書」、和建商簽「房屋買賣契約書」，一般土地和房子都是合在一起銷售，只須簽一本合約就行，但這種方式的地主和建商各自擁有土地和房子，所以需要分別簽約。

合建分成

所謂合建分成，是指建商與地主雙方合作建屋，雙方約定好分配金額的比例：賣方為地主與建商二人，與買方簽訂「一本合約——土地及房屋買賣契約書」，最後賣方（地主與建商）再按分成比例分配銷售總額。

假設 1,000 萬的房子，地主與建商約定好以六四拆帳，地主 6 成，建商 4 成，那麼成交之後，地主可以分到 600 萬，建商分到 400 萬，換句話說，每一筆成交金額最後都會按比例拆分給兩個賣方。

委託興建

委託興建比較少見，是指地主全權委託建設公司蓋房子，並支付營造管理等費用，實務上願意承接這種個案的建商比較少，會採用這種方式的原因在於地主不懂實務流程，因此委託建設公司協助經營管理、找建築師、找代銷公司、找團隊等等，而不只是單純營造發包而已。

委託興建的重點在「工程造價」，建商可先確認工程造價之後再加上合理利潤，即為雙方的共識價格。

表 1　四種合建方式的特性及差異

類型／項目	合建分屋	合建分售	合建分成	委託興建
定義	雙方按比例分配房屋，個別出售房屋	雙方按比例分配售屋：地主賣土地，建商賣房屋	雙方按比例分配售屋金額	地主出土地與資金委託建商蓋屋
性質	交換性質	合夥性質	合夥性質	發包性質
合約	1 本	2 本	1 本	1 本
賣方簽訂對象	地主或建商	與地主簽土地合約；與建商簽房屋合約	地主及建商	地主
爭議性	水平分屋＞立體分屋＞分棟法	無水平分法，對樓層價差有爭議	對於分成的計算方式雙方互不信賴	雙方重點在造價，利潤合理即達成共識

以上內容摘自作者《賺大錢靠土地》一書〈合建篇〉。

林宏澔教授專利：土地投資利潤自動分析系統

中華民國專利證書

新型第　M555026　號

新 型 名 稱：用於提供房地產投資利潤自動分析之系統

專 利 權 人：創世紀國際不動產管理顧問有限公司

新 型 創 作 人：林宏澔

專利權期間：自2018年2月1日至2027年10月11日止

上開新型業依專利法規定通過形式審查取得專利權
行使專利權如未提示新型專利技術報告不得進行警告

經濟部智慧財產局 局長　洪淑敏

中華民國 107 年 2 月 1 日

注意：專利權人未依法繳納年費者，其專利權自原繳費期限屆滿後消滅。

專業的土地投資利潤分析系統

本產品獲中華民國專利證書新型專利第「M555026」！

專利名稱：房地產投資利潤自動分析之系統

創 作 人：林宏澔

專利期間：2018/2/01 至 2027/10/11

投報計算 | 歷史資料查詢

一.土地基本資訊

1.土地位置 | 請輸入土地位置

2.地段 | 請輸入地段

3.小段 | 請輸入小段

4.地號 | 請輸入地號

二.土地買斷的可行性分析計算資訊

1.土地面積 單位:平方公尺 | 請輸入土地面積(平方公尺)

2.土地面積 單位:坪 | 此欄位不需填寫

只要在系統中輸入土地基本資料，如土地面積、建蔽率、獎勵容積率、施工成本、法定汽車停車位、廣告銷售比率……即可幫您計算出銷售面積、銷售收入、總成本、總利潤及股東權益報酬率、現金流量、IRR、財務分析、NPV 財務分析、敏感性財務分析等等，讓您快速掌握土地商機。搭配創世紀不動產教育訓練中心課程，完美學習使用。

欲購買此系統，請洽 (02) 2758-6028 或掃描右邊 QR code 上網訂購。

房地產投資利潤自動分析系統

台北市 大安 3 1

銷售面積分析

可建容積計算

基準容積	獎勵容積	可建總容積
3,000.00 平方公尺	300.00 平方公尺	3,300.00 平方公尺

銷售面積分析

機電設備空間	地上樓地版面積	總陽台面積	總梯廳面積
495.00 平方公尺	3,994.74 平方公尺	399.47 平方公尺	199.74 平方公尺
屋頂突出物面積	**地上興建面積**		
84.38 平方公尺	4,478.59 平方公尺 1,354.77 坪		
法定汽車停車數	**法定汽車停車面機**	**法定機車停車數**	**法定機車停車面積**
24 部	960.00 平方公尺 290.40 坪	35 部	140.00 平方公尺 42.35 坪
地下室開挖面積			
1,100.00 平方公尺 332.75 坪			

銷售收入分析

房屋銷售金額

圖 8　銷售面積分析結果

房地產投資利潤自動分析系統

成本分析

土地成本

總坪數	單價	總價
302.50 坪	250 萬	75,625 萬

建築成本

總坪數	單價	總價
1,687.52 坪	15 萬	25,313 萬

設計費	土地增值稅	土地融資利息	建物融資利息
總價 886 萬	總價 120 萬	總價 4,538 萬	總價 380 萬

廣銷費用	小計
總價 7,635 萬	總價 114,496 萬

利潤分析

利潤	投資報酬率
38,202 萬	25%

簡化財務分析

圖 9　成本分析結果

1-6 林宏澔教授在全台開設的房地產課程介紹

自地自建自售實戰——房地產經營管理師

◎建商如何快速評估建地

1. 如何避免買到不能建築的建築用地
2. 基地上有現有巷道如何處理？
3. 學會如何調查都市計畫書圖／土地使用分區
4. 學會如何用三公式 10 秒評估建地
5. 你不可不知的看地十大重點

◎預售屋代銷實戰

1. 代銷公司如何向建商提案簡報？
2. 代銷公司接案合約書暗藏哪些風險？
3. 產品規劃大坪數 or 小坪數？
4. 如何運用 STP 程序明確產品定位？
5. 何謂包銷？純企劃？包櫃？
6. 各戶表價、底價如何訂定？
7. 如何打造有吸引力的接待中心？
8. 如何完成 45 項銷售籌備工作？
9. 如何編列媒體、接待中心、企劃及人員薪獎預算？
10. 13 種定價策略大公開

11. 如何一公開建案即完銷？
12. 報紙稿、戶外定點、派報如何做精準行銷？
13. 如何運用 FB、IG、LINE 新媒體行銷建築？
14. 醞釀期及強銷期廣告策略有何不同？
15. 如何運用感官式文宣行銷建案？
16. 建案如何命名？ LOGO 如何設計？
17. 預定買賣契約書如何製作？
18. 客戶讀心術：如何判斷客戶是否會成交？

◎成立住戶大會及公設點交

1. 如何簽訂無糾紛的二次施工合約書？
2. 如何在取得使用執照後 35 天撥款交屋？
3. 客戶對保時一定要注意的 3 個重點！
4. 客戶交屋時對屋況不滿意如何處理？
5. 《公寓大廈管理條例》規定何時需召開住戶大會？
6. 住戶大會一定要通過的兩個重大事項！
7. 公共設施如何快速點交給管理委員會？

危老都更顧問師

◎如何掌握危老屋投資重建商機？

1. 我家的房子算是危老屋嗎？
2. 危老屋有哪四大優惠措施？
3. 你知道危老屋屋主可以不用自備款重建嗎？
4. 如何投資危老屋？

◎與建商合建，我可以分到多少坪數？

1. 如何透過合建創造建商數億利潤？
2. 「合建分屋、合建分售、合建分成」的差異？
3. 合建中地主過世或是遭到債權人查封如何處理？
4. 合建中，地主 vs. 建商如何計算分配比例及售價？

◎我家可以都更嗎？

1. 一般劃定、策略性劃定與自行劃定的差異？
2. 都市更新計畫與都市更新事業計畫有何不同？
3. 何謂法定容積，獎勵容積與公益設施獎勵的差異？
4. 危老合建與都市更新有何不同？

◎我家房子有多少價值？

1. 房地產投資報酬率如何計算？
2. 如何使用市場比較法評估房價？
3. 如何使用收益還原法評估房價？
4. 何謂成本法？

土地開發分析師

◎土地如何投標？如何決定投標價格？

1. 如何看懂國產署及政府公告投標土地？
2. 房屋仲介人員如何成交土地獲利千萬？
3. 地上權、使用權有哪些風險？
4. 基地中有既成道路如何處理？
5. 勘查土地現況一定要了解的十大重點！

◎土地節稅祕笈大公開

1. 房屋交易所得稅如何節稅？
2. 房地合一稅如何節稅？
3. 地價稅如何節稅？
4. 土地增值稅如何節稅？
5. 房屋稅如何節稅？

◎土地開發可行性評估

1. 如何運用容積移轉創造土地價值？
2. 建築技術規則對土地興建坪效的規定
3. 如何計算土地投資股東權益報酬率？
4. 如何看懂土地投資中的 NPV 及 IRR 分析？
5. 房屋仲介業如何撰寫土地投資簡報成交土地？

台北、台中、雲嘉、台南、高雄、宜蘭、花蓮，均有開課，詳情請上官網 www.twret.com 查詢！

創世紀商務中心-高雄分館介紹

本中心提供獨立辦公室／會議室／教室租借、公司設址登記服務

地址：高雄市苓雅區光華一路226號9樓（捷運信義國小站旁）

聯絡電話：(07) 223-1098

高雄分館

▲ 商務中心大門外觀

▲ 商務中心大樓外觀

▲ 獨立辦公室出租　共6間

▲ 獨立辦公室出租　共6間

▲ A教室　30人空間

▲ B教室　16人空間

第 2 篇

危老屋的商機與趨勢

作者介紹

林言峰 總經理

現職

＊台北市建築經營管理協會理事長

＊盛隆開發建設股份有限公司總經理

＊盛隆國際工程事業有限公司總經理

＊台灣盛隆建材股份有限公司總經理

＊上海盛崇防水材料有限公司創辦人

公司介紹

＊從土地開發、產品定位、建築規劃、營建管理到交屋，均有服務。在結構耐震設計、防水防漏、減噪隔音、耐磨地坪上，有專屬部門進行研發／設計／施工，秉持專業／信賴／誠懇的心，落實有房的安全幸福人生。盛隆＆盛峰開發建設自創立以來，以人為本的服務流程、不斷超越自我的精神，深耕投入各項領域，防水起家，逐步擴大營業範圍，從丙方提升到甲方。

盛隆開發建設股份有限公司

TEL：(02) 8732-7555

網址：www.盛隆.tw

Mail：SL@shenglong.com.tw

地址：台北市信義區基隆路二段 115 號 11 樓

2-1 為何從防水防漏專業走向老屋改建之路？

危老重建是近年來的熱門議題，截至民國111年全台老屋數量達460萬戶，老屋重建的確有其迫切性，全台皆必須嚴肅面對老屋耐震不足、消防安全等問題。這也是為什麼我後來專攻危老及都更的原因。

我最早是從防水工程起家的，在建築營造業深耕二十餘載，自政府推出危老重建計畫及都市更新條例修正案起，我們就積極推動危老及都更案，趁這個機會跟大家分享一下老屋重建的一些經驗與看法。

深耕台灣，跨足國際

民國87年成立「盛隆」，起初專門從事防水、防漏工程（盛隆國際），之後陸續成立丙級營造（盛吉營造）、建材研發及買賣（台灣盛隆建材）等關係企業，事業範圍涵蓋全台各大建案的防水工程、地坪工程、公共工程、整建工程、結構補強等各式工程。並自立材料工廠，專設實驗室研發及生產耐磨地坪材、防水材料、健康綠建材及特殊建材等，為客戶提供一條龍的服務。

不只在台灣札根，我們在中國大陸也占有一席之地，「上海盛崇防水材料」及「廣州盛富防水工程」在北京、武漢、深圳、天津、青島等地設立營業據點，專營 SL 防水建材與高壓灌注相關材料的生產及銷售，同時提供防水工程服務，建立 SL 品牌，奠定我們在中國大陸市場的地位，越南也有成立分公司及工廠。

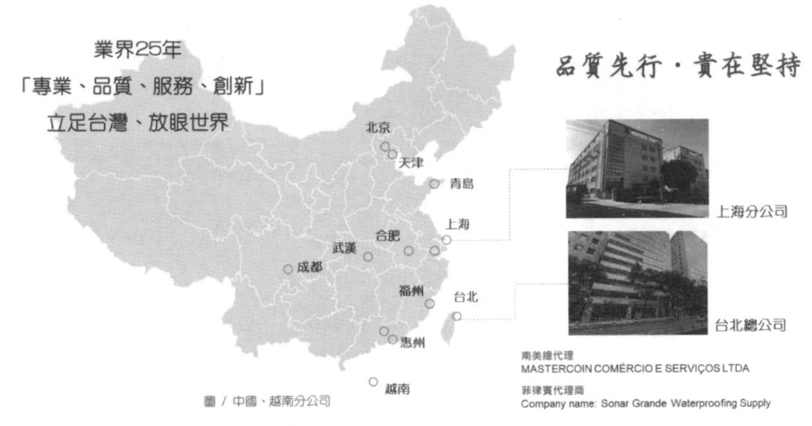

圖 1　海外營業據點分布圖

跨足房市・投入老屋改建，讓舊屋價值翻倍

我們在 102 年跨足房地產行業，開始購買土地或與地主洽談合建、委建等。從土地開發、產品定位、建築規劃、營建管理，到交屋維修等，提供完整的一條龍服務，追求未來能減少維修成本，以人為本的服務流程，結合 20 多年深耕的資源與技術，致力打造出台灣最值得信賴的地產開發商與工程服務團隊。

106 年《危老條例》頒布實施，許多小基地只要所有權人 100% 同意也能申請重建，108 年《都市更新條例》的修訂，使都更審議明確化，加速都市更新審查的時間，讓都更效率危老

化，為老屋重建打開新的機會。過去五年，在中央政策領頭及各地方政府的積極配合下，截至111年累計都更及危老核定件數逾3,500件，不只帶動在地就業機會，也帶動相關產業的發展。

一般民眾對於都更有很多迷思需要破除，住戶不應該執著於一坪換一坪，也不應認為建商暴利，自疫情爆發以來，原物料及工資大漲，建商成本及承擔風險升高，在這三年內已有很多小建商倒閉。應換位思考，生命財產遠高於換回坪數的差距，找一個值得信賴的建商合作，改建後的房屋不僅安全，價值也翻倍大增。面對通貨膨脹的時代，房屋除了保值還能以房養老，所以老屋重建對住戶來說是最划算的投資。

為了推動都市更新，我們公司目前已在雙北各地成立了都更工作站，包含新北市的永和都更辦公室、台北市都更辦公室、新北市中和都更辦公室、信義區危老工作站，以及大同區危老工作站等，後續也會陸續在各地區成立工作組，方便民眾諮詢，也歡迎危老推動師加入我們的團隊！

圖2　信義盛隆危老工作站開幕餐會

2-2 危老重建有哪些獎勵？

政府自 106 年 5 月頒布《都市危險及老舊建築物加速重建條例》（簡稱《危老條例》）以來，到 110 年 12 月底為止，短短四年時間，新北市都市更新處公布的危老核准通過案就有 372 件，我們在法令一出來時便率先取得中和區第 2 件，也是新北市第 7 件的危老通過核准案「宜安君品」，之後也陸續通過多件危老案，本單元將介紹危老重建獎勵應如何取得。

危老重建與都市更新

「老屋翻新」、「危老重建」與「都市更新」是中古屋更新的三種主要方式，目的都在延長建築物使用年限，並使居住環境達到安全舒適的標準。三者的差異如下，民眾應針對自身條件評估適合的方式：

老屋翻新

指為配合家中成員使用需求，在不破壞建築結構且建築結構無危險之虞的前提下，將舊屋重新整修、裝潢，因變動範圍小，所以花費的時間也較短。

危老重建

經過結構安全性能評估後，判定為「危險或老舊的合法建築」，並符合「位於都市計畫地區之建物」及「非歷史建築」之條件，屋主可逕行重建，只要經 100% 所有權人同意，不論基地大小都可興建，無法達到都更條件的基地就能依《危老條例》進行改建，進而加速改建時間。

都市更新

主要目的也是為了老舊房屋的居住安全，將這些風險較高的老舊建築拆掉重建，達到符合目前都市生活機能及安全的標準。與《危老條例》相比，雖然有較高的基準容積，但是其申請程序耗時冗長，除了更新面積最少需達 500 平方公尺以上以及同意比達 8 成以上外，還需通過公聽會、聽證會、審議會等核定，相對來說更新時間較長且限制更多，一些成功的都更案大概都需整合 20 年以上。

表 1　都更條例 VS. 危老條例

項目	都更條例	危老條例
申請人	實施者，如建設公司、所有權人籌組設立之更新會、專責機構（都更中心）、公部門。	土地及建物所有權人，1 戶也可以申請。
基地規模條件	• 規模：單面臨路面積≧ 1,500 ㎡；雙面臨路面積≧ 1,000 ㎡；無擴大機會面積≧ 500 ㎡之更新單元需經都更審議會同意。 • 條件：公劃更新地區或符合自劃更新單元標準或指標。	• 規模：無面積限制規定。 • 條件： 1. 位於都市計畫地區之建築物。 2. 非歷史建築，不具文化歷史紀念藝術價值須保存。 3. 危險或老舊的合法建築。

項目	都更條例	危老條例
容積獎勵額度	・獎勵後的建築容積，「不得超過建築基地 1.5 倍的基準容積」，或是「不得超過各原建築容積加上該建築基地 0.3 倍的基準容積」。 ・可另申請海砂屋、輻射屋、開放空間等其他獎勵。	・最高為基準容積的 1.3 倍，或原建築容積的 1.15 倍。 ・10% 時程獎勵，自 109 年 5 月 9 日起逐年遞減，至 114 年 5 月 9 日截止歸零。 ・各項標章或評估的等級不同，分別獲得不等的容積獎勵，總和上限 30%。
實施期間	無申請時效限制。	116 年 5 月 31 日前受理。
同意比例	採多數決，須土地及建物所有權人 75% 及 80% 以上同意。	須全體土地及建物所有權人 100% 同意。
申辦程序	須辦理公開展覽、公聽會、聽證會、審議、核定公告等法定程序。視意願整合及爭議處理而定。	經評定符合危險及老舊建築物後，提重建計畫報核，主管機關於 60 日內審查完竣。
分配機制	所有權人與實施者間透過權利變換或協議合建方式分配房地。	由參與地主自行協商決定。

資料來源：台北市都市更新處

危老建物認定標準

隨著高雄城中城大火，喚醒大眾對老舊住宅設施的重視，民眾該如何審視自己的家是否安全？是否符合危老條件？

只要是在都市計畫區內、非經事業主管機關指定具有歷史、文化、藝術及紀念價值之合法建築（合法建築是指領有使用執照之建物），符合「危險」或「老舊」二擇一之資格即可申請重建。

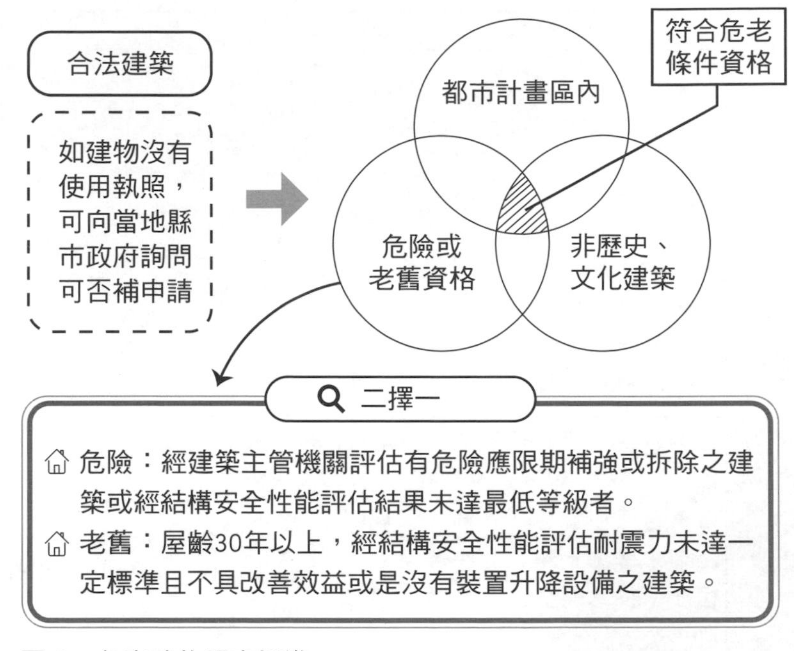

圖 3　危老建物認定標準

危老獎勵

政府為了鼓勵民眾主動提出危老申請，提供容積獎勵及稅賦減免等優惠吸引民眾，但眼花撩亂的獎勵該如何有效地使用，建議地主可找有危老改建實戰經驗的公司合作，才可用最短的時間完成改建。

危老容積獎勵可分為「優先申請獎勵項目」及「其他獎勵項目」，最高容積不得超過建築基地 1.3 倍基準容積或是 1.15 倍之原建築容積獎勵，容積獎勵辦法如下表，可考量取得獎勵之成本與效益來做建築設計：

表 2　危老容積獎勵項目說明

獎勵分類		分項	容積獎勵額度 2%	3%	4%	5%	6%	8%	10%	備註
優先申請獎勵項目		原建築容積大於基準容積者或原建築容積建築							●	或採原建築容積○○㎡（①）
	危老條例適用資格	地方主管機關通知限期改善、補強或拆除者							●	（②）
		經結構安全性能評估結果未達最低等級者						●		
		屋齡 30 年以上，經結構安全性能評估結果未達一定標準，且改善不具效益或未設升降設備者					●			
		重建計畫範圍內基地面積未達 200 ㎡者	●							詳 F-5 頁
	基地退縮	基地與巷道退縮淨寬 4 公尺，與鄰地境界限距離不得小於 2 公尺							●	退縮部分須採淨空設計及設置無遮簷人行步道（③）
		基地與巷道退縮淨寬 2 公尺，與鄰地境界限距離不得小於 2 公尺						●		
	耐震設計	耐震設計標章							●	（④）
		新建住宅結構安全性能評估第一級					●			
		新建住宅結構安全性能評估第二級			●					
		新建住宅結構安全性能評估第三級	●							

獎勵分類		分項	容積獎勵額度							備註
			2%	3%	4%	5%	6%	8%	10%	
其他獎勵項目	智慧建築標章	鑽石級							●	建築基地面積逾500 ㎡者，不適用銅級與合格級之獎勵（④）
		黃金級						●		
		銀級					●			
		銅級			●					
		合格級	●							
	綠建築標章	鑽石級							●	建築基地面積逾500 ㎡者，不適用銅級與合格級之獎勵（④）
		黃金級						●		
		銀級					●			
		銅級			●					
		合格級	●							
	無障礙	無障礙住宅建築標章				●				（④）
		新建住宅無障礙環境評估第一級			●					
		新建住宅無障礙環境評估第二級		●						
	協助取得及開闢重建計畫範圍周邊公共設施用地，產權登記為公有者					●				獎勵上限 5%，公式詳備註 2（⑤）

資料來源：《111 台北市危險及老舊建築物加速重建問答集》

實務上以危老條例適用資格獎勵、耐震設計獎勵及其他項目獎勵較常申請：

①原建築容積大於基準容積較常出現在容積管制前的台北市五樓舊公寓，但因民眾常執著於室內一坪換一坪，以至於五樓

公寓基本上不會有建商願意參與改建，故此條獎勵難以取得。

②本項目為基本獎勵，只要符合危老資格就可以取得 6% 的基本獎勵。

③實務上該獎勵較難取得，是因為危老基地小，又常位於巷弄內，基地無法再退縮。

④耐震設計、智慧建築、綠建築及無障礙獎勵則依規劃來做取得，這四項在取得使用執照前皆須繳納保證金，直至取得使用執照後通過認證或取得標章才可申請退還保證金，若欲取得的獎勵越高，則保證金越多。

⑤協助開闢公共設施用地適用於重建範圍內涉及私有公共設施用地。

危老條例修正，延長時程獎勵、增加規模獎勵

危老容積獎勵最高上限為 30%，再加上期限內申請就給予時程獎勵 10%，最多可獲得 40% 的容積獎勵，然而 10% 的時程獎勵原先只開放申請到 109 年 5 月 9 日為止，但內政部為鼓勵民眾擴大危老重建速度，又於 109 年 1 月 16 日通過《都市危險及老舊建築物加速重建條例》修正草案，將時程獎勵調整為 5%，並以每年遞減 1% 的方式直到結束；另外還新增規模獎勵，取消合併重建面積限制，基地合併鄰地面積達 400 平方公尺者，給予 2% 容積獎勵，每增加 100 平方公尺可獲得 0.5% 獎勵，獎勵上限為 10%。

表 3　修正後危老時程獎勵與規模獎勵一覽表

容積獎勵＼日期 基地面積	第4年 109年5月12日	第5年 110年5月12日	第6年 111年5月12日	第7年 112年5月12日	第8年 113年5月12日	第9年 114年5月12日	第10年 115年5月12日
未達 200 ㎡	8.0%	6.0%	4.0%	2.0%	1.0%	0%	0%
達 200 ㎡	10%	8.0%	6.0%	4.0%	3.0%	2.0%	2.0%
達 300 ㎡	10%	8.5%	6.5%	4.5%	3.5%	2.5%	2.5%
達 400 ㎡	10%	9%	7%	5%	4%	3%	3%
達 500 ㎡	10%	9.5%	7.5%	5.5%	4.5%	3.5%	3.5%
達 600 ㎡	10%	10%	8%	6%	5%	4%	4%
達 700 ㎡	10%	10%	8.5%	6.5%	5.5%	4.5%	4.5%
達 800 ㎡	10%	10%	9%	7%	6%	5%	5%
達 900 ㎡	10%	10%	9.5%	7.5%	6.5%	5.5%	5.5%
達 1,000 ㎡	10%	10%	10%	8%	7%	6%	6%
達 1,100 ㎡	10%	10%	10%	8.5%	7.5%	6.5%	6.5%
達 1,200 ㎡	10%	10%	10%	9%	8%	7%	7%
達 1,300 ㎡	10%	10%	10%	9.5%	8.5%	7.5%	7.5%
達 1,400 ㎡	10%	10%	10%	10%	9%	8%	8%
達 1,500 ㎡	10%	10%	10%	10%	9.5%	8.5%	8.5%
達 1,600 ㎡	10%	10%	10%	10%	10%	9%	9%
達 1,700 ㎡	10%	10%	10%	10%	10%	9.5%	9.5%
達 1,800 ㎡	10%	10%	10%	10%	10%	10%	10%

資料來源：《111 台北市危險及老舊建築物加速重建問答集》

另外再提醒大家一點，就是危老重建計畫有申請期限，申請截止時間只到 116 年 5 月 31 日，如果有計畫申請的朋友，務必要在期限內提出申請，錯過這些容積獎勵可是非常可惜的喔！

2-3 整合危老案有哪些甘與苦？

整合並非一件輕鬆的事，舉辦說明會向住戶提出整合方向、經過協商、取得全體住戶的共識與同意是一場漫長的拉鋸戰，如何讓地主信任我們，進而願意將案件交給我們做，這是我每天都在思考的問題。

「傾聽」是很重要的過程，這些老屋可能是地主一輩子的房子，作為開發商應傾聽他們的心聲，站在地主的角度思考，協助地主們解決他們的困難，自然就能得到他們的信任。

自 109 年來我們總共召開了 100 多場危老及都更說明會，只要有民眾來電有意更新，我們都會為其做評估。為了開發整合，前後總共成立了 10 個辦事處，在整合的過程中常會遇到很多阻力，所幸地主對我們的信任是我們持續推動危老及都更案的助力，短短五年內完成 3 個危老合建案及 4 個都市更新案，尊重每位地主的意見，審視他們的需求，將案件圓滿完成，是我們公司的經營理念。

案例分享——中和宜安君品

本案是新北市第 7 件危老核定案，位於新北市中和區，基地上原是一棟老屋，當時想整合左右兩側四層樓公寓，但洽談過程中有兩戶不同意，礙於危老獎勵時程，最終決定自地自建。該案土地面積僅 118 坪，巷弄狹小且基地面積狹長，兩側緊靠鄰房，不管在設計或是施工上，著實考驗建設公司的規劃與執行能力。

容積獎勵分為「優先申請獎勵項目」及「其他獎勵項目」，在 109 年 10 月修法前，建築無退縮不得申請「其他獎勵項目」，本案於 107 年核准，受此條限制，基地狹小且為梯形基地，平均寬度只有 13 米，左右地界無法退縮 2 米，建築無法退縮，因此無法申請「其他獎勵項目」。危老容積獎勵最高可達 40%，本案僅取得 18%，每一個獎勵沒有好壞，端看個案的基地條件與效益，可選擇申請性價比高的容積獎勵項目，把錢花在刀口上。

我們特別重視居住安全及品質，所以在 18% 獎勵內，選擇通過結構耐震性能評估第三級取得 2% 獎勵。為了提供更穩固的結構，採用戴雲發理事長的 Alfa Safe 柱中柱系統，大大地提升大樓的抗震能力，並且在興建的過程中，增加現場檢測及勘察，只為提供給住戶更安全、更穩固的家園。

圖 4　中和宜安君品

表 4　宜安君品申請到的獎勵

	危老容積獎勵項目	獎勵	取得
優先申請項目	原容積＞基準容積	10%	0%
	危險及老舊建物	6～10%	6%
	基地退縮建築	8～10%	0%
	建築物耐震設計	2～10%	2%
其他獎勵項目	智慧建築	2～10%	0%
	綠建築	2～10%	0%
	無障礙環境	3～5%	0%
	協助開闢公設	5%	0%
	期限內提出申請	10%	10%

案例分享——板橋尚新板

第一個危老案取得亮麗的成績單後，我們在雙北多處設立服務處，陸續又通過兩個危老案件，深刻體會到許多地主想「老屋換新屋」。本案採危老重建計畫方式執行，部分自購土地，部分與地主合建，臨板橋府中站商圈，112 年推案。這是我們首次與地主合作的危老案件，該區過去都更已整合十五年無果，危老重建條例的出現給了地主新的機會。

109 年 10 月修法後，無退縮亦可申請危老其他獎勵項目，在修法前僅能申請 20%，修法後可申請至 29%。原本四層樓老舊公寓改建為地下二層、地上十三層、22 個停車位的新建大樓，地主舊有資產增值，也享有更安全舒適的生活環境。

表 5　尚新板申請到的獎勵

	危老容積獎勵項目	獎勵	取得
優先申請項目	原容積＞基準容積	10%	0%
	危險及老舊建物	6 ～ 10%	6%
	基地退縮建築	8 ～ 10%	0%
	建築物耐震設計	2 ～ 10%	2%
其他獎勵項目	智慧建築	2 ～ 10%	6%
	綠建築	2 ～ 10%	0%
	無障礙環境	3 ～ 5%	3%
	協助開闢公設	5%	0%
	期限內提出申請	10%	10%

以使用者需求採最優化設計

我們的規劃理念是以不增加未來維護成本、提高整體品質及使用性為前提，考量地主及未來使用者需求去取得獎勵。

無障礙環境：3%

新增無障礙環境是以「人」為核心價值，使空間規劃滿足各年齡層需求，打造全適齡生活環境。

建築物耐震設計：2%

為提供更好的安全結構，本案建築物耐震設計通過新建住宅結構性能評估第三級，結構耐震六級設計，結構外審層層把關。

智慧建築：6%

考量小社區未來無 24 小時保全，打造智慧人居生活，本案取得智慧建築「銀級」標章，讓住戶未來用手機就可以處理家中大小事，也是地主改建後最有感覺的項目。

合建一定要找值得信賴的建商

2019 年 COVID-19 在全球蔓延，疫情使營建業大受影響，工資材料雙漲，漲幅超過三成以上，許多小型建商在這一波疫情中倒閉，或是無法在期限內完工而產生爛尾樓，但我們可以不受影響，在疫情肆虐下仍可如期交屋，並順利推出第二案及第三案，要歸功於我們在執行案件時謹慎負責的態度，所以找合適的建商是危老合建案成功的關鍵，唯有相互信任才能達到雙贏的局面。

案例分享——台北市大同區案

本案採危老重建計畫方式執行，自購土地及與地主合建，預計 114 年推案，取得 39% 容積獎勵。取得獎勵項目有無障礙環境 3%、建築物耐震設計 10% 及智慧建築 8%。

與板橋案不同之處在於本案在建築物耐震設計取得最高規格的「耐震標章」，也就是滿分，「耐震標章」是為提供更好的安全結構，此為特別監造制度，為提升建築物耐震安全及施工品質，在「設計」及「施工」階段落實第三方機構的檢查機制，確保建築物品質，此獎勵項目的取得對地主最有利，直接反映的就是居住安全。

舊都市重生帶動房地產價值

配合台北市政府「西區門戶計畫」，目前大同區正在進行舊都市重生的「大同再生計畫」。台北市政府在大同區投資近百億，整合現地交通、文化歷史、產業，配合都市更新改善地區環境品質、強化老舊社區機能，重塑該區觀光及經濟脈絡，配合政府政策，大同區房地產價值持續增值中。

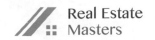

我們在大同區昌吉街 132 巷 33 號設有危老工作站，除了整合該區都市更新也提供住戶專業諮詢，歡迎該區的住戶前來諮詢。在民間與政府的合作下，大同區必能重返百年前的黃金歲月，老屋也能重新注入新生命。

圖 5　大同區危老工作站

獎勵很多，但整合不易，阻礙老屋重建步伐

雖然危老重建政策啟動後，加速了台北市等都會區的老宅重建，但整合卻極度費時費力，永遠趕不及住宅重建的速度。基地越大，地主越多，意見也越多，要讓全體都達成共識越發困難，解決地主的疑慮也是一大考驗，例如如何分配才合理？建商蓋一半跑路了怎麼辦？越晚簽約條件越好嗎？蓋越高建商是不是賺越多？有太多因素致使雙方條件一直談不攏，危老基地小成本高，且要 100% 同意，若地主獅子大開口，建商無利潤也不會與地主合建；都更基地大難度更高，往往一談動輒十年以上，讓許多建商止步不前，這也是目前都市更新推動困難的最大阻礙。

表6　土地整合方式與優缺比較

方式	優點	缺點
公司自行開發	・預先評估基地的擴展性 ・資金與成本可以控制	・開發時間較長，無法掌握
仲介或仲人介紹	・減少尋找標的的時間與成本 ・議價空間大、有彈性	・需要支付仲介費
地主主動聯繫	・整合情況下，地主重建意願高 ・買賣情況下，地主不願等待重建 ・地主不需支付仲介費，可降低買賣價格	・地主容易獅子大開口、提出不合理條件
成立危老工作站	・在地處理，建立客戶信任度 ・危老推動師專業諮詢 ・增加建設公司曝光度，也能作為商圈廣告效益	・受台北市建管處管理 ・須安排推動師值班
法拍取得	・平均低於市價的2～5成 *物件第一次流標後，第二拍會打八折，其後每一拍都會再打八折，直到第四拍（減價拍賣）為止，最低不到市價的一半	・須準備2成保證金，並於7天內付清 ・準備購屋資金的時間短 ・點交時間不易掌控 ・無法進屋堪估 ・無法點交，易發生糾紛上法院 ・留意優先購買權是否為多人所有
向國有財產署申購畸零（裡）地	・申購畸零地，得由讓售予有合併使用必要之鄰地所有權人優先申請，地主購買可增加坪數 ・協議合建配合地主，地主不願購買時，由建商協議購買	・參考市場正常交易價格查估 ・須依相關法令程序 ・費時

2-4 如何解決地主們最在意的事？

想順利整合案件的話，就要知道地主們最關心什麼、需要什麼、在想什麼，就像銷售員去拜訪客戶談生意一樣、要想說服對方，唯有對症下藥，才能從根本解決問題。在開發整合的過程中，團隊也碰到了許許多多的質疑，所以這裡列舉了幾個最常見的問題以及我們的回應，不論你是地主還是開發者，應該都能獲得啟發。

一、重建後的室內坪數是否會減少？

我們最常遇到的問題就是新家的坪數是否會減少？能不能一坪換一坪？為什麼會變少呢？

改建後房子的坪數與房價及容積率有關，若當地房價越高，能換回越多室內坪數，但仍需取決於基準容積及原建物樓層數。原建物樓層數越少、房價越高的地區，才有機會可室內一坪換一坪；若五層樓舊公寓，當地新成屋房價未超過 150 萬，則無法一坪換一坪。這也是為什麼四層或五層公寓較少有開發者願意去談合建的原因。

那什麼是室內一坪換一坪呢？以下就用案例來說明，假設你在台北市有一間公寓，室內坪數 24 坪，改建後權狀含公設 40

坪，並外加一個車位；房價從原先的 70 萬提升到一坪 100 萬，總價值可從原先的 1,680 萬增加至 4,000 萬，並同時享有現代化設施，包含電梯、車位以及符合耐震設計及消防安全的大樓。

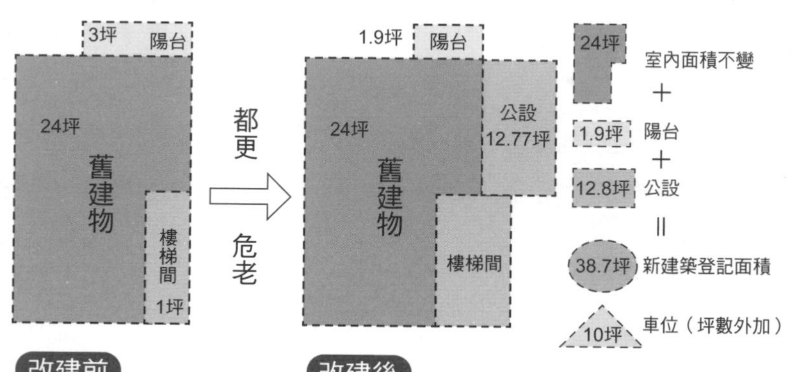

圖 6　室內一坪換一坪示意圖

對地主來說參與改建不需支付興建成本，即可享受改建後的各種便利，即便室內坪數無法一比一對換，地主所持有之新屋價值仍高於原老屋，且居住條件也有質的飛升，只要能找到可靠的建商，危老或都更其實都是很好的選擇。

二、獎勵這麼多，建商是不是賺更多？

在進行案件整合與洽談時，也會遇到認為「建商蓋了 13 樓，地主只分到 4 層樓，另外 9 層樓都是被建商賺走了」這種想法的地主。

每每聽到有人提出這個想法，都令我們直搖頭，這觀念深植人心，如果真的這麼好賺，建商賺一次就夠躺平一輩子了，為何還要花那麼多時間精力去整合那麼多案子？我們只能不斷地透過說明會，讓地主了解到這些獎勵額度都是固定的，所有基本的法定容積率再加上獎勵容積其實都是固定的，而建商蓋得高不高其實跟分得多不多沒有直接關係，因為怎麼蓋容積都是固定的。

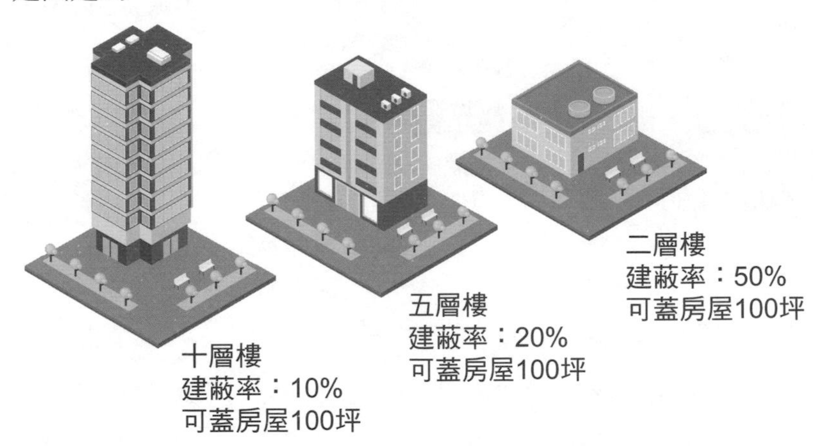

圖 7　建蔽率與容積示意圖

什麼叫容積是固定的呢？假設你有一塊 100 坪的基地，容積率 240%，建蔽率 60%，表示你可以蓋 100×240% ＝ 240 坪的房子，你的一樓最多可以蓋 100×60% ＝ 60 坪，而且只能少不能多。若一樓蓋 100×10% ＝ 10 坪，你最多能蓋 240 / 10 ＝ 24 層樓；一樓蓋 100×20% ＝ 20 坪，你最多能蓋 240 / 20 ＝ 12

層樓；一樓蓋 100×50% ＝ 50 坪，你做多能蓋 240 / 50 ＝ 4 層樓。也就是說，樓層高度跟容積率無關，與建蔽率有關，就看你要垂直發展（建蔽率小、樓層高），還是橫向發展（建蔽率大、樓層低），總容積都固定不變。

這讓我想到正在整合的永和都更案，基地總面積 1,950 坪，我們選擇一樓建築面積 650 坪（建蔽率小），其他空地拿來開闢道路，做步道、綠化及社區休憩空間，打造出一個有活動空間、綠植圍繞的度假型住宅區，提供住戶更好的生活空間。因為容積率是固定的，也可以選擇增加一樓建築面積（建蔽率大），只是如此一來，就無法提供比較多的休閒空間。

所以蓋越多樓建商賺越多這個說法並不正確，依現在營造成本飆漲，很多案件就算五五對分，有些建設公司不僅無利潤空間甚至還會虧本。

三、房子蓋到一半建商跑了怎麼辦？

正規的建商都會採不動產開發信託的方式，由公正第三方來監督專款專戶使用，如果不幸建商倒了，銀行會有續建機制來幫助建案完工，不會損及地主及承購戶的權益。

四、越早簽約越吃虧？

整合過程中，也會遇到這種不想第一個簽的地主，總會說：「大家簽完以後我再簽」、「你們先跟別人簽，我再簽」、「沒有人簽的話，那我也不簽了」、「我不是釘子戶，也不是不同意改建，我很認同你來開發，但是給其他住戶先簽，快簽完時我一定簽給你。」

如果每個住戶都這樣想，那這個案子絕對做不成，這也是開發人員最辛苦的地方，當然會有這樣的想法也可以理解，畢竟大部分的住戶都不是專業人士，難免怕受騙上當，也可能是覺得拖晚一點再簽，建商就會開出更好的條件，抱持著「早簽的話，建商覺得我好說話，該有的福利、權益都比較少」或是「為什麼隔壁比較晚簽的鄰居條件居然比我好」的心態。

以都更來說，都是採取「權利變換」的方式，簡而言之，就是地主出地，建商（實施者）出錢完成都更後，按更新前的權利價值與提供資金的比例，分配更新後建物及土地之應有部分或權利金，一切公開透明，換言之，更新前你出了多少力，更新後會依比例給你分配回去，大家都一樣，沒有先簽後簽的差別。

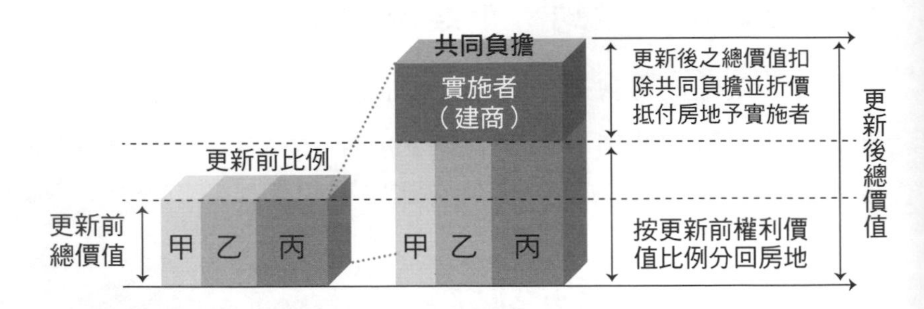

圖 8　權變前後的權利示意圖

資料來源：台北市都市更新處

我們公司大部分都會先協議合建，跟地主保障室內一坪換一坪，但如果地主覺得權變的條件更好，也可以選擇權變。這也是大多數建商的作法，初期在整合土地時，都是先跟地主協議合建，因為同意比例問題，後期都會轉為同意比例只要 80% 的都更方式。

最後，要解決晚簽約這個問題也不是沒有辦法，有些建商會打出提早簽約就送家具、電器產品等優惠方案，所以晚簽約的人就沒有這些福利，這招也可以套用在整合上，讓猶豫不決的人能快點做出決定。仔細想想，讓建商提早完成整合，早點動工就能早點完工，其實也是在幫地主自己。

五、看不懂合約，會不會有陷阱？

從前面幾個問題就可以看出，真正的問題核心就是因為不清楚、不了解，甚至不信任導致的，建商可以透過說明會，向住戶說明整個流程，雙向互動，清除疑慮，讓住戶產生信賴、了解其中利弊關係，而合約就起到了保障的作用，現在資訊發達，地主也會拿著合約去找代書或律師諮詢，所以如果合約真的有問題，不但沒有人會簽，這起開發案也算完了，建商信用破產也很難在這行站住腳，一家公司若要走得長遠，是不會笨到拿石頭砸自己的腳，正常的公司都想要永續經營下去。

六、增建部分是否可以分回去？

這跟第二題的答案有關，政府給予的坪數是固定的。如果是公寓，一樓和頂樓戶加蓋同樣都要求比照室內坪數，這兩者是不一樣的，一樓的價值基本都比其他樓層高，所以能分到的坪數可能也多一點，這樣一來就會壓縮到其他樓層能分到的坪數，因為整體建築坪數是固定的。如果頂樓戶有增建，也要求分多一點，這樣又擠壓到其他樓層的坪數，一定都會有問題，最好的解決辦法就是補貼，增建部分不能算進坪數，但可請估價單位評估其剩餘價值，建商再發放補貼給該住戶。現在基本都會請三家估價公司，除了都是政府認證的，也能確保結果不會被有心人士影響。

另外也有人問到陽台外推的部分，陽台外推也是屬於增建部分，所以也能用估算其殘餘價值來補償屋主。

如何達成雙贏，才是最該思考的問題

房子怎麼蓋都不會影響分配比例的，因為可以蓋幾坪（容積）法律都有規定，只是要蓋成瘦高型或矮胖型，就看建商怎麼規劃，如果要提升整體的商業價值，一樓的面積就應該最大化，因為一樓能做成店面，商業價值高；相對來說，高瘦型大樓就很適合當作住宅使用。所以不是建得高，建商就能分得多，怎麼蓋也是取決於用途。

建商需要合理的利潤空間，所以地主在衡量維護自身權益的同時，也應該留給建商適度的獲利空間，雙贏才是長遠之計。

2-5 建築新工法與新材料介紹

建築工法及建材設備日新月異，不斷地隨著時代在進步，唯有好的設計才能提供好的建築，我們設有建材部研發健康綠建材、特殊建材；工程部專做防水隔熱、降噪隔音、耐磨地坪工程。從一開始的土地開發、建材把關、施工興建，到交屋後的保固維修，我們都自有專業團隊，因此我們的團隊也不斷地在研發新材料與新工法，結合不同領域的技術，期許自己能提供給客戶更好的產品，並達到永續經營的理念。

通過 TAF 認證的降噪隔音材

為提升居住品質，《建築技術規則建築設計施工編》增訂第 46-6 條分戶樓板隔音構造之規定，拍板於 110 年 1 月 1 日正式上路，鑒於國內建築屋成交屋型態多樣，包含毛胚屋、成屋、預售屋等，以及部分隔音構造之表面材及緩衝材提前鋪設易有刮傷、造成瑕疵而引發消費糾紛等問題頻傳，為維護消費者權益，內政部對於樓板隔音構造定出標準，希望還給居民寧靜的住宅空間。

配合內政部的規定，我們研發的降噪隔音材已取得內政部建築研究所 TAF 實驗認證，符合樓板衝擊音量降低指標，並已實際運用於各項建案中。

鋰基塗料地坪

傳統停車場地坪大多使用環氧樹脂地坪，使用兩三年就開始有髒汙、破損、剝落等現象，若要大面積翻修又會影響住戶使用，我們在建案中使用鋰基塗料地坪（SL-1600 鋰基滲透亮晶鑽石塗料），混凝土與 SL-1600 的有效滲透，會使水泥出現良性矽化反應，生成膨脹均勻不收縮的鋰矽酸鈣。這結晶能快速填充毛細孔，並使水泥成為一個密實堅固的矽質晶體，進而達到防塵、防水、耐汙的效果，而且堅硬抗磨，體育場、藝文活動中心、平面車道、溜冰場、停車場、耐重耐壓耐磨地坪、倉庫、廠房、冷凍庫地等地方都適用，有效解決舊有環氧樹脂地坪使用年限短且維護費用高的問題。

健康防水綠建材

住房最怕遇到漏水問題，台灣又經常下雨，如果防水做不確實，除了裝修損壞外，也會有壁癌、潮溼、黴菌等問題，防水防漏這領域我們已經有二十多年的經驗，從施工工法到建材都嚴格把關，每一道工序皆有 SOP，並採用公司研發健康綠建材防水塗料，多種材料適用於建築物不同的位置，達到更好的防水效果。屋頂我們採用聚脲防水塗料，聚脲是一種以異氰酸酯與特殊環狀聚氨脂類物質（SPUA）所構成的健康綠建材產品，其特性是可快速凝固，在物體表面形成彈性保護膜，用機器噴塗能達到所需要的厚度，具有耐酸鹼（腐蝕）、抗衝擊、防水耐磨的特質，還可調合成多種顏色，長時間受陽光曝曬也不會老化、龜裂，是一項優越的健康綠建材防水塗料，也是豪宅建材的熱門首選之一。

除了聚脲防水塗料，我們還有 SL-290 單液水性聚脲（抗水性強）、SL-860 丙烯酸酯橡膠系（超強延展性）、SL-475 橡膠瀝青系（與其他防水材料一起使用，能達到雙重防水之效）、SL-1500 環氧樹脂漆（耐蝕耐水洗，可作為防水基材）、SL-360 水性水泥漆（防水隔熱）等共六支健康綠建材塗料，均已取得內政部建築研究所健康綠建材標章，讓客戶可以用得健康、住得安心。

如何看危老重建的未來規劃？

想讓公司能永續經營下去的話，除了推出讓人信賴的作品外，公司的品牌形象與口碑也需要經營與規劃，才能讓消費者在面臨選擇時，第一時間就能想到你、指定你、認同你。

近年來在土地開發過程中，從產品定位、區域型態、建築設計規劃、營建管理，到交屋後的售後服務，我們秉持著專業分工，不斷地研發及創新，推出品質與功能兼備的作品，也秉持以人為本的精神，為滿足客戶的需求不斷地超越自我，如今，在各領域皆有亮麗的成績與口碑，這也是為什麼陸續會有地主主動找我們合作的原因。

高齡化住宅發展困境

隨著社會的高速發展，台灣早已邁入高齡化人口的階段，然而很多地區還是存在老舊住宅、沒有因時代的變遷而進化，造成老年人居住上的不方便，在不斷地整合與重建的過程中，我突然浮現一個想法，我們雖然在危老重建上應用了許多嶄新的建材與技術，確保建築結構的安全與品質，但卻少有專為老齡化人口打造的住宅區，這也是目前建案的主流形式，綠化空間、交通便利、停車方便、購物方便、還有電梯和專門的物業管理、社區保全等，看似一應俱全，但全都是設計給新一代的人住的，而非全年齡層的人。

在現階段的案件中，我們盡可能地因應基地條件提供多元開發方式，在現有的條件下與地主們達成共識，思考地主與未來居住上的需求，設計建造一個適合各年齡層居住的集合住宅。

全齡式集合住宅的趨勢

所謂適合各年齡層居住的集合住宅，就是在同一社區內，結合住戶大樓跟套房型的養老中心，年輕一代住在大樓中，老一輩的住在養老中心的套房內，各自有各自的生活空間，彼此互不干擾，卻也能就近互相照看，避免三代同堂因觀念不合而產生爭執，比如白天時爺爺奶奶可以幫忙照看孫子孫女，父母下班就換人接手照看等，減少同住時間就能減少摩擦，家族和樂自不在話下。

養老中心內，不僅有讓長輩居住的地方，也該備有醫療團隊、營養師供餐和相關照護等服務，才能真正做到讓年輕人無後顧之憂地外出打拼。

為什麼要在社區內設置養老中心呢？因為現在的養老中心普遍都在很偏遠的地方，年輕人平常下班後可能都晚上 8、9 點了，不太可能再跑到養老中心去探訪長輩、陪長輩聊天，最多一個禮拜去個 1 ～ 2 次也就差不多了，長輩覺得孤單但也無可奈何，如果說未來改建時，可以預留一個區域作為養老中心，設在社區中且離家近的話，年輕人下班以後隨時都可以去陪伴長輩，搭配醫療照顧以及三餐，長輩生病還可以請居服員照顧，週末或節日時把父母接回家中團圓吃飯享受天倫之樂，前面提到的狀況都將迎刃而解。

這也會是未來高齡化社會下的住宅轉型趨勢，只要政府能針對這樣的集合型青銀住宅多做一些獎勵與放寬，相信這將是住戶、建商與社會的共贏局面，也是我們未來規劃的目標！

奧運國手背後的推手

作者介紹

柯建利 總經理

現職

* 金石建設股份有限公司總經理
* 金石乒乓休閒育樂有限公司董事長
* 中華民國不動產經營管理協會會員

公司建案

* 金石 Plus
* 金石首品 I 、II
* 金石雙響
* 金石喆學
* 金石乒乓球館
* 金石龍悅
* 金石世築
* 金石鉑克萊
* 金石成大砌

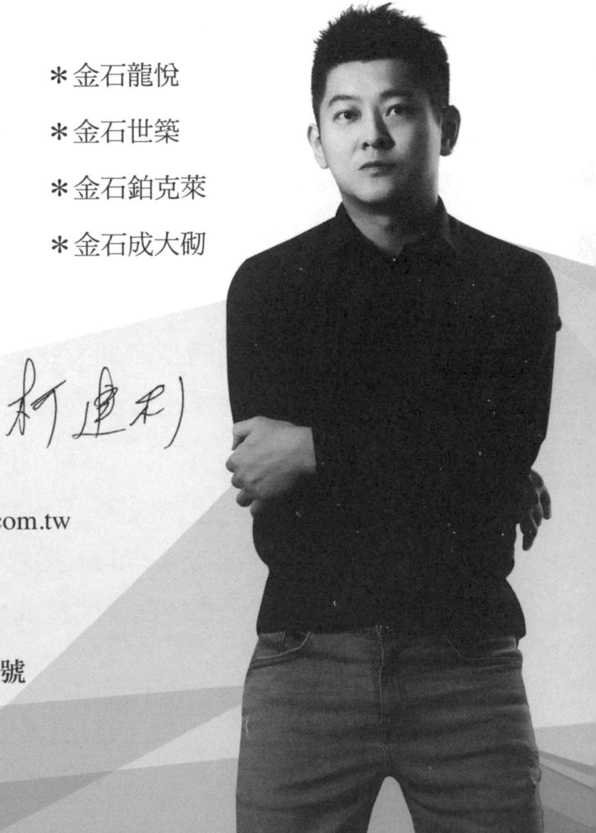

金石建設股份有限公司

Mail：kingstone@kingstonecy.com.tw

Line@：@602thiie

網址：kingstonecy.com.tw

地址：嘉義市西區長榮街 303 號

洽詢專線：(05) 2226-550

二代接班人面臨到哪些挑戰？

金石建設是在嘉義深耕三十多年的建設公司，只要是嘉義人都知道，要想買房就要找金石建設，因為品質良心有保證，而這樣的好口碑是金石建設創辦人柯金龍夫婦一步一步累積出來的，然而如今只是踏實地蓋房賣房是無法永續經營下去的，許多紅極一時的知名品牌企業，不論是推出叫好又叫座蝴蝶機的 hTC、出租影業龍頭的百視達、台灣人兒時回憶的大同電鍋或是大型連鎖書店誠品等，哪一間沒出現過轉型危機？這些品牌告訴我們一件事，如果不趁早準備轉型，最後只會被大環境與新的競爭對手所擊倒！

接班之路

在講我是如何轉型之前，我想先說說我接班的始末，如果能給大家一些啟發那是最好，如果不能，那就當作是在聽一個故事吧！

金石建設成立於民國 75 年，恰巧也是我出生的那一年，我父母早先是從事成衣批發的，機緣巧合之下，開始投資房地產及建設公司，經過幾項建案的磨練之後，於 75 年正式成立金石建設。

父親是個重視誠信且踏實的人，身為嘉義在地建商，總堅持選擇最好的地段蓋最好的房子，能做到 80 分他就多做到 100 分，能做到 100 分的就多做到 120 分，完全不偷工減料，設計理念也以扎實為主。

在地深耕、永續經營、誠信服務是父親打造金石這個品牌的核心理念，而「勤奮」與「追求卓越」則是他身體力行的原則，我從小耳濡目染，深受父親信念的影響，即便到我接手的現在，這兩個原則仍是金石集團的指標。

金石這間公司可以說是跟我同時成長，由於我是家中唯一的男孩，在父母有意栽培下，我其實也知道自己有一天必然會走上接班之路。

即便如此，仍壓抑不了我對運動的熱愛，我從小就夢想著當一名運動員。在學生時期我對桌球產生了莫大的興趣，國中時甚至為了打桌球而一度想進體育班，為此還跟父母抗爭過，最終還是被迫妥協、放棄選手夢。或許是這個沒法完成的遺憾，使得我對桌球一直念念不忘，即便後來無法當上選手，也要想盡辦法跟桌球結緣。

7 年前母親突然生病，讓當時 29 歲的我提早接手家業。背負著建設二代這個標籤，對我來說有好有壞，許多業界前輩大都會看在我父母的份上，給予我特別照顧，對於這些長輩的提攜，我也懷著感恩的心；當然世界也沒有那麼美好，還是有一部分人抱持著「就你一個二十幾歲的毛頭小子能做出什麼事」的心態，等著看你笑話。

由於我是那種不服輸的個性，既然決定接手家業就一定要做好，同時也想向那些要看我笑話的人證明，我是真的會認真做事的，而且我有信心帶領金石繼續前進。為了做出改變、做出突破，我做的決策有時候旁人可能很難理解，不過我大學讀商，畢業後又被父親派到工地現場從營造基礎開始學起，並不是空降管理層，這些年的實地經驗、父親的有意培養，再結合我所學的企業管理知識等，我有信心對我的決策負責。

如今我接班已經邁入第七個年頭，推動過大小無數個建案，最高創下 20 億的營收紀錄，我不敢說這些成果都是靠我一個人辦到的，但我可以很自信地說，二代標籤永遠不是枷鎖，而是推動我成長的動力，我這麼告訴自己：「沒有人會幫你，只有你自己可以幫你自己，時間會證明一切。」

圖 1　金石建設總經理柯建利

踏出的每一步都是在蓄力

我第一個建案只有六戶，第一次嘗試也不敢做太大，想著能完銷就不錯了，也因為是第一次，是我人生很重要的轉折點，所以在替這個建案取名時，會希望它代表一些意義，之所以取名「金石 plus」，是因為 plus 是更多的意思，意味著我們金石能再推出更多建案、得以永續經營下去，也期許自己能帶領金石邁入第 30 年並再進化，希望藉由這個寓意帶來好彩頭！

除了取名上別有用意外，外觀上我也一改以往的歐式新古典風格，因為我個人偏好現代風，所以從我接手後，外觀設計都改走簡約路線，有別於以往的古典華麗形象，希望能帶給人新的氣象。這個案子是在 2015 年推出的，是一棟有角窗電梯的透天別墅，共有六戶，可能因為戶數少，所以很快就售完，但能順利完售也給我帶來不小的信心！

圖 2　金石 plus

資料來源：台新塗料

第二個案子是「金石首品」，父親一直灌輸我一個觀念，作為建設公司最重要的就是施工品質，我也希望能延續這個傳統，維持住金石這塊招牌，於是「首重品質」就成了這個案子的名稱由來。因為嘉義位在地震帶上，如果結構不夠穩固、建材材料不夠結實，就可能容易出意外。凡事不怕一萬，只怕萬一，這個小心讓我們在興建施工上，非常在乎品質與細節。

我很幸運，「金石首品」這個案子 13 戶全都順利售出，客戶用行動表示，讓我們知道我們的這些堅持有被看見，對我們來說，這是莫大的肯定。

圖 3　金石首品

資料來源：台新塗料

前兩個案子是在我接班的頭兩年完成的，之後我又推出幾個建案，分別是 27 戶的「金石首品 II」、8 戶的「金石雙響」以及 38 戶的「金石喆學」，也都順利完銷。有了這幾次成功的經驗後，在推行上我就更有信心，野心也越來越大，我這裡要特別提一下在 2020 年推出的「金石龍悅」這個案子，位在嘉義西區，共有 132 戶住家和 26 戶透天店面，這個案子主要是為了紀念我父親，他在前幾年因病過世，因為他喜歡歐式，而我偏愛現代，所以我就規劃了兩棟大樓，一棟極古典風、一棟極現代風，分別代表了父親和我，也象徵著世代傳承，因為父親名字有龍，故案名取作「龍悅」，我想把這案子獻給他，希望他龍心大悅。

目前這個建案已經預售超過九成了，預計在 2024 年年底完工，是除了「金石乒乓球館」外，我推動過最大型的建案，投注的心力與籌備的時間也比以往來得多，畢竟對我來說，它具有相當重要的意義，所以成敗對我來說非常重要！

圖 4　金石龍悅全區模型

本來我是打算一年只推一個案子，但「金石龍悅」一推出就賣了近七成，我想說這時房市景氣還不錯，所以又順勢推出兩個案子，一個因為靠近學區，所以取名「金石鉑克萊」，另一個是「金石世築」，因為位在嘉義的四維路與竹圍路口，取四的諧音，而「世築」就有世代建築的含意。比較特別的是，因為當時正在推「龍悅」，所以「世築」這個案子基本都是賣給老客戶，結果不到 10 天就銷售一空，想不到大家會對金石那麼地支持。

十年磨一劍，終能成大器

最後我還想分享一個對我來說比較特殊的案子，就是 2021 年推出的「金石成大砌」，共有 72 戶透天、26 戶店面和 46 戶住家，如今還賣不到一半，總銷金額就已經有 10 億。

當初會取「成大砌」這個名字，是因為 2021 年剛好是我在金石待的第十年，「成大砌」也剛好是我推出的第十個案子，人都說「十年磨一劍」，所以經過十年潛心打磨，推出的必屬精品中的精品，故以「成大器」諧音來命名。更巧的是，我們一直有在贊助的桌球好手林昀儒，剛好在 2020 東京奧運奪得銅牌，當時可以說是舉國同慶的程度，所以心念一動便找他來當代言人，一起成大器！

圖 5　與金石成大砌模型合影

每一個轉折都是最好的安排

所幸，努力終究帶來了成果，時間證明了當時自己的決策是對的，因為看到我做出了成績，那些曾對我有偏見的前輩們才開始願意認真跟我交流，不再把我當成毛頭小子一枚。

有一句歌詞是這麼唱的：「人在江湖飄，哪能不挨刀」，社會就是江湖，每個人或多或少都會遭受冷言嘲諷，身為企業二代，所做的每一個決策都關乎整個企業與工作團隊，身上肩負的責任不是一般人能體會的，雖然一路看下來我似乎都還挺順風順水的，可是在取得成績之前，難免還是會有人質疑，企圖動搖我的意志，憑著打桌球鍛鍊出的心理素質，在接班的路上，我一直勉勵自己要沉得住氣，等待最佳的發酵時機，靠轉念把阻力當成助力。

我一畢業就到公司上班，早早就扛下接手家族事業的責任，父親又在三年前離世，沒人帶著我慢慢熟悉，我必須讓自己盡快強大起來，壓力其實不小。不過任何事情都有一體兩面，現在回想，我發覺自己有著最大的優勢：「至少我可以用自己的意志去決定任何我想做的事。」很多二代明明已經接班做事了，但上一代遲遲不肯放手，很大的原因就在於上一代認為他們的做事方法才是對的，畢竟就是用這一套方法起家的，輕易調整只會敗壞企業，我見過很多老一輩抱持這樣的想法，以至於限制了新一代施展抱負的空間。

我覺得我還有另一個優勢，就是我能趁著年輕讓創意都得以發揮與實現。倘若今天我 36 歲或是 40 歲了，到了社會都認為成熟的年紀才來接班，我除了失去年少輕狂的衝勁外，可能還會瞻前顧後、態度趨向保守，反而不敢恣意而為。所以在這裡也奉勸年輕一輩，如果真想要做什麼，只要觀點正確，一定要相信自己，勇敢去做，執行力真的很重要！

父親曾跟我說過一段話：「我白手起家，為金石打下了那麼好的基礎，給你留下比別人更多的資源，你未來是不是要更有能耐做得比我更好？」

這段話我時時銘記在心。父親說得極是，他為我留下這麼好的資源，我其實擁有的比一般人來得多，我怎麼能不善加利用？所以我期許自己除了把品質顧好、把品牌做大外，更以百年基業、永續經營為目標，把父母赤手打下來的江山再擴大，讓更多人認識金石，以金石為傲。

圖 6　「金石喆學」榮獲 2022 年第 23 屆國家建築金獎「金獅獎」

3-2 老字號企業如何轉型？

我在不到 30 歲的年紀接班上任，我覺得與公司磨合、整頓公司、帶領公司全體齊心向上是身為一個領導人最基本的課題，最大的挑戰始終來自外界的變化，由於現在整個大環境受到疫情影響，改變了原先的消費模式，很多企業面臨轉型危機，尤其是我們這種老字號的公司，雖然有一定的口碑，但如果不做出改變，主動出擊，依照人都有喜新厭舊的特性，很多有創意、有執行力的新公司隨時都能將我們取而代之！

除了留意最新趨勢，我們也不斷提升居住品質，包含將 AI 智能引進生活和建築設計中、落實綠建築設計、加強推行更高規格的服務項目等，藉由提供更符合現代需求的產品，讓客戶能感受到我們在許多方面的用心和保障，達到口碑行銷的目的。總結了一下這幾年我們轉型的方向，大致可以分為以下幾點：

轉變一：建築風格迎合市場潮流

前面也提過，身為創辦人的父親偏好歐式風格的建築設計，在 30 年前可能因為稀有所以能吸引到不少人，但以現代人的眼光來看，其實已經有些退流行了，由於我個人本來就比較喜歡現代風格，可以說現代風永不過時，與其華麗古典，不如簡單俐落更貼合現代人的口味，加上現代風格的建築更適合搭配智能設計，像是可以透過 APP 遠端調控空調、燈光、窗簾等家電設備，強化住的品質與功能性，這樣的轉變也在市場上收穫了廣大的認同和支持，成為了重要的轉型數據之一。

轉變二：售後服務不斷創新

現今不管哪種商品都有眾多選擇的情況下，如何把「想買屋就找金石」這句口號轉化為實際行動，關鍵就在於做好售後服務。我們公司在決定轉型之初，就定調了「品牌服務」這一宗旨，我們不想要單純當個只是建屋賣屋的建商，我們更希望成為人們幸福的家的後盾。在嘉義，我們是第一間提供 0800 免付費客服專線的建設公司，只要住戶一有問題，我們就會協助聯絡廠商，接洽後續事宜，讓那些因為相信金石而選擇入住金石的住戶們，相信自己的選擇確實是正確的！

我們也在不斷進化與加碼，除了 0800 免付費客服電話外，在 2015 年後推出的案子，每三年會替客戶免費清洗房屋外牆，而且沒有限期。從 2020 年開始，我們推出的每個建案一律提供防水保固 5 年，為的就是讓住戶一直都像是住新家一樣舒適。

轉變三：只與優質廠商合作

除了設計風格的改變與不斷推陳出新的售後服務外，其實室內使用的材料設備也非常重要，這也是消費者肉眼能看到的部分，做工品質絕不容敷衍了事，為此，我們慎選合作廠商，比如磁磚選用的是冠軍磁磚，並給予 3 年的保固；另外，我們也在輕豪宅建案中選用 100% 義大利頂級品牌廚具 STOSA CUCINE，讓客戶在頂級的義式氛圍中享受煮飯的樂趣。

如此一來，建商與廠商也能互相成就，透過不同的影響力幫助彼此，客戶端也有保障，可以說三方互利共贏。

轉變四：建材施工全面升級

這一點也是父親一直堅持的信念，他認為建商最該注重的就是施工品質，我接手後期許自己也能把品質顧好，維持住金石這個招牌，這個要求在嘉義非常重要，因為嘉義位於地震帶上，對房子的結構要求更高，為了讓住戶住得安心有保障，一般只要 5 分鋼筋就符合標準的結構，我們家會用到 7 分鋼筋，而地基也全部採用筏式基礎施工，可耐震防潮，筏式基礎就是把整體建築都固定在一個基礎板上，地震來時可以跟著一起晃動，就像竹筏隨波流動，受力更均匀，房子也就不容易坍塌，所以稱為筏式基礎。而基礎底板深入地基，能隔絕地下水氣，因此防潮性也更好。

在建材結構都升級的情況下，當然也提高了不少營建成本，然而相對於獨立基礎和連續基礎，筏式基礎的造價最高、工期也長，但安全性與耐震度最高，相較之下，多一點付出還是很值得的！

轉變五：體育推廣不遺餘力

我從小就熱愛打桌球，一度立志成為桌球選手，即使到了研究所，我也是一邊讀書一邊打球，只是礙於現實因素無法繼續追夢，雖然不能成為選手是我的一個遺憾，不過轉念一想，我可以自己培育選手，讓他們代替我去征戰各大賽事，也算圓夢，所以我很關注台灣體壇，也一直在贊助台灣選手，甚至在老家嘉義蓋了一座桌球館「金石乒乓球館」，就為了當作選手培訓基地，我想用我最大的能力去為台灣體育做些事，而我重點贊助的桌球好手林昀儒同學與奧運國手陳建安都在 2020 東京奧運取得相當不錯的成績，除了與有榮焉，也加深我對培育體育人才的決心。雖然很多人不理解我為何要做這種吃力不討好的事，我仍不曾想要轉賣，如今它的存在不僅是嘉義的新地標，也是我們金石最大的活廣告！

圖 7　榮獲 111 年教育部體育署體育推手獎金獎

3-3 桌球是助力還是阻力？

從小就有運動員夢

我不是一直都在打桌球，應該說我不是只喜歡桌球，而是所有球類運動我都喜歡，我從小就夢想成為運動員，小學時期還曾偷偷報名棒球夏令營，報名第一天就被父母發現，後來便不了了之。升國一時，我當時身高只有 143 公分，想說應該沒有什麼機會打籃球，就沒特意往籃球發展，因緣際會之下我開始接觸桌球，因為打得還不錯，還代表嘉義參加全中運，直到國三，教練跟我說高中可以念體育班，不過我父母還是不同意，不想我一頭栽入桌球中而荒廢學業，為此還鬧起家庭革命，「整整一年沒跟他們說話」就是我當時對桌球執著的寫照。

大學時代可以說是我最快樂的時光，考上輔大經濟系後，我終於可以如願加入桌球校隊，為了打球我還延畢一年，讀研究所時，我白天打球晚上讀書，最終打進全國前四強。

等到出來工作後，我對桌球一直念念不忘，加上親身經歷過，深知國內體育選手欠缺資源，很多時候都得靠自己，假如無法獲得經濟支援，選手生涯是很難走下去的，因此讓我萌生想要組建自己球隊的願望。

現在回頭看，成為一個職業選手是一條很艱難的路，非常需要家庭無條件的支持，當時的我空有一腔熱血卻沒考慮過是否能靠打職業維生，所以我可以理解父母的反對，但是我也無法放棄對桌球的熱愛，所以我給自己定下目標：「接班後一定要把推廣桌球當成我的企業責任，總有一天，要蓋一棟乒乓球館幫助桌球運動發展！」既結合我的興趣，也彌補我心中最大的遺憾！

本業興趣兩不誤

要培育一個職業選手，除了選手自身的資質與努力外，家庭、教練、贊助、政府等各方面的支持也很重要，必須全方位的配合，才能提供最有效的助攻網絡。為了我設下的目標，也可以說為了圓我兒時的夢，我願意拋磚引玉，發揮企業社會責任，成為那個引領企業贊助的領頭羊。

目前我已贊助了林昀儒、陳建安兩位桌球國手，甚至為了推廣全民桌球運動，還在 2018 年舉辦第一屆「金石盃」桌球賽，賽制分成國小組、國中組、社會組與菁英組，是全國獎金最高的桌球賽事，2019 年舉辦的第二屆「金石盃」總獎金更是高達 120 萬，吸引了全台 1,700 多位桌球選手前來參加，嘉義市長黃敏惠則擔任我們的開球嘉賓。

大概是受到我對桌球熱愛的感召，部分跟我們長期合作的廠商也加入了贊助的行列，漸漸帶動了嘉義在地學校、政府機關以及全台打桌球的風氣。父親的驟然離世讓我領悟到人生苦短，我雖然無法辜負父母與家族對我的期待，放棄家業投入桌球的懷抱裡，但現在我有能力顧好本業，同時還能把自己的興趣發揚光大，讓大家都感受到桌球的魅力，我覺得我已經盡力了，也由於有了這不錯的開頭，讓我發現興趣其實也可以跟本業結合在一起，既然推廣桌球是我的目標，那我就利用我建設公司的身分打造一座桌球造型的球館，將桌球與金石劃上等號，開創新一代的金石建設。

3-4 金石乒乓球館對你有什麼意義？

嘉義在地桌球基地

當初為什麼會決定要蓋桌球館，其實是經過深思熟慮的，那時候第二屆「金石盃」剛結束，除了受到政府的支持外，參賽的人數遠遠超過我的預期，跟我們合作的廠商也加入贊助的行列，種種反饋都讓我感受到我對桌球的堅持是受到認可的、是可行的，甚至還可以更進一步發展，所以辦完比賽後，我立刻買下一塊地，準備當作「桌球基地」，繼續推廣桌球運動。

說到「桌球基地」，就會讓人想到 2008 年桌球教父莊智淵在老家高雄蓋的「智淵乒乓運動館」，共四層樓，作為培育桌球選手的基地，也是台灣第一座自建桌球館，因為我本業就是開建設公司的，所以我也想在嘉義這邊蓋一棟屬於嘉義的桌球館，「金石乒乓球館」就是全台第二座自建桌球館。

圖 8　金石乒乓球館

我們球館造型非常特殊，外牆上有一顆巨大的乒乓球，土地面積 507 坪，建地面積 2,500 坪。為了蓋出來的效果能跟設計圖一樣美觀，特別請蓋台中歌劇院的麗明營造來施工，預計地上 8 層、地下 2 層，目前已經施工到地上 5 樓了，主要規劃給桌球選手當作移地訓練用，亦是金石建設未來的企業總部，預計 2024 年 7 月正式開幕，成為嘉義的新地標！

不只是乒乓球館

為了讓職業選手能心無旁騖地接受訓練、受傷能即時接受治療、用餐不用跑去外面吃等綜合考量之下，我希望球館面積要大，而且樓層要高一點，才能有足夠的空間分配，所以規劃 1、2 樓當作球館，3 樓當健身房，除了給選手使用，也會上教練課，4 樓則出租給安親班與物理治療所，會規劃安親班是因為我們這邊有小朋友在學桌球，下課後可以先過來上完安親班後，再去樓下打球。5、6 樓則是選手宿舍，方便國內外選手集訓，7 樓則是我們公司總部，8 樓是員工餐廳。

高雄的「左營運動訓練中心」是台灣國家體育代表隊選手的訓練基地，擁有最先進的設備和資源，我希望在嘉義打造一座桌球基地，作為桌球教育、訓練與比賽全方位包辦的專業設施，提供最完善的桌球教育環境、比賽場域與所需資源，含括所有食衣住行，為的就是讓選手心無旁騖地專心練球，雖然我們球館資源不如國家經營的左訓中心，不過國手要營外訓練時，都會優先選擇來我們這兒受訓，這就是對我們球館最大的肯定。

圖 9　在金石乒乓球館與小選手合影

眾人眼中的不務正業

當初決定要蓋球館時，遭到了很多人的反對與質疑，他們認為我不務正業，覺得我為什麼不好好當個建商，偏要跑去推廣桌球，為了桌球蓋一個成本 5 億的乒乓球館，建好了也不賣，每年還要支付上千萬的人事成本，對公司來說，球館就是一個負資產，沒有收入、看不到實質的效益。這樣說來倒也沒錯，因為在我的規劃中，球館真正的收入其實不多，為了保障選手的權益，球館營收勢必受到影響，健身房對外只會招收少許會員，出租給安親班與物理治療所收取少許租金，員工餐廳雖然對外開放，但收益甚微，根本不足以平衡龐大的建設成本以及每年營運需要的人事成本。

連母親也極力反對，在我簽約買地的那一刻，她對我撂下狠話：「如果你堅持要買，那我們就斷絕母子關係！」頂著這樣的壓力，我還是毅然決然地簽約了，即便外人難以理解，但我還是想要孤注一擲，我並非在拿自己的公司當賭注，這是我深思熟慮下所做出的決定，我覺得我有信心經營球館，讓它成為公司的有力幫手！

很多人以為我是出於私心才這麼任意妄為，其實我所做的種種最終目的還是在服務本業，我還是在買土地蓋房子，建商的身分依然沒有落下，而且這樣一頓操作下來，土地還能增值，長久下來也能幫企業形象加分，球館更能成為嘉義的地標、公司的活廣告。贊助選手也是一種行銷手段，贊助的選手成功為國爭光的話，選手的知名度就能打開，幫公司推廣宣傳效果更好，金石建設這塊招牌能見度也能提高，未來推案就更加容易，只是這些都需要時間來發酵，為了公司能永續經營下去，現在的鋪路與規劃就特別重要。

台灣國手的堅強後盾

我的目標是將金石球館打造成嘉義的桌球培訓基地，成為國手移地訓練的另一個選擇，所以館內也配置高規格的桌球教練指導，每位教練至少都有 C 級以上的教練資格，部分更是國手退役的高階教練。每年光是花在桌球的人事、設備等固定成本就高達上千萬。

這裡跟大家科普一下，根據《國民體育法》之規定，教練共分 ABC 三個等級，C 級雖是最基本的等級，但也需要考取證照才有資格從事運動指導或是訓練等工作。而 A、B 級，不是從 C 級往上升，就是曾是國家代表隊選手或是獲得二等一級以上國光體育獎章，可以說是高級別的教練等級，我們館內就有好幾位 A 級和國家級別的指導教練。

我記得為了備戰 2020 東京奧運，政府推出新版「黃金計畫」，由國訓中心選定最頂級的選手，提供最高等級的備戰支援，奧運國手陳建安就是「黃金計畫」的重點備戰對象，當時他的指定教練賴冠珅就在我們球館服務，於是陳建安就來到嘉義進行移地訓練。我還為他找專屬的物理治療師、體能訓練師、陪練員，提供他更完整的訓練照護，我始終認為，能為台灣體壇貢獻一份心力，也是我的企業社會責任！

3-5 為何會開啟企業贊助模式？

是金子總是會發光

我始終覺得從基層就開始投入資源，對國家體育發展更有幫助，所以早在 2015 年就開始贊助各地小學成立桌球隊，後來還引進桌球設備還有教練，打造嘉義第一支小學校隊。2018 年我去深圳看桌球公開賽，看到當時世界排名在 50 名以外的林昀儒，爆冷贏了世界排名 32 的中國名將方博時，心想這個孩子心理素質也太強大了，在排名差距這麼大的情況下，也沒有畏戰心理，直接拿下勝利，因為桌球打到最後拼的不光是技術，重要的其實是心理素質，所以當時讓我印象非常深刻。

因緣際會之下，我偶然聽到贊助應援這個方式，就是企業利用自身雄厚的財力，同時贊助多位選手，如果有選手取得不錯的成績，到時就可以找他來當品牌代言人，這個方式完全對我胃口，也契合我想培育體育種子的理念，於是便開啟了我將公司品牌結合運動行銷的想法。

當時我的財力有限，只能選一兩位選手重點贊助，這時候我想起當時表現令我印象深刻的林昀儒同學，他正好就讀輔大體育系，也算是我的學弟，透過輔大學弟牽線我找到了昀儒，與他父親深聊後，發現雙方理念契合，相談甚歡，所以就此決定贊助他。昀儒當時世界排名 27，他自律、形象又好，我覺得贊助他對公司一定有幫助，不出所料，在贊助他後，那年底他排名衝到世界第 6 ！

隔年陳建安也來我們館內受訓，為 2020 東京奧運做準備，我二話不說，傾注一切資源，出錢出力幫他量身打造，如果能幫他奪取獎牌，不只能成為台灣人的驕傲，也能打開我們企業的知名度！

圖 10　與林昀儒合影

品牌結合運動熱潮

以結合運動來行銷品牌來說，金石並不是第一個這麼做的企業，早在 1979 年的時候就有企業在贊助運動，目的就是為了提升企業形象、進而推廣本業。前陣子剛落幕的世界盃足球賽就是最好的證明，主辦國卡達為辦世足砸下 2,200 億美元，祭出的獎金更高達 4.4 億美元，就是想吸引為世足賽瘋狂的各國球迷以及他們帶來的觀光財，一旁的杜拜因為開放飲酒吸引了大量遊客入住，甚至成了本屆世足最大的贏家！運動賽事往往可以激發群眾的熱情、聚焦大眾目光，企業與運動結合最典型的作法，就是讓參賽選手穿上印有贊助企業 logo 的衣服，一方面替企業宣傳，一方面藉由球迷對選手的熱愛與支持，帶起他們消費的欲望。

要有收穫必先要付出

我一直都在關注體育競賽的動態，畢竟我也是狂熱粉，看過那麼多成功結合運動的行銷案例，若要有效行銷，有幾個關鍵點，包含：從熱門的運動下手、選擇適合自己的宣傳手段、自然地置入性行銷、持續地投入以增加品牌記憶點。綜合這些觀察，我對企業贊助選手這個方式有了基本的想法，所以我從兩個面向著手：

一是在選手球衣上印有金石建設 logo，提高金石曝光度。如果贊助的選手四處比賽爭奪排名或是有不錯的表現，媒體一定會報導，如此一來，我們品牌就能受到全國關注，觀眾對選手的喜愛也能轉移到我們品牌上，一看到這位選手就會聯想到我們金石，有利於我們建立企業形象，進一步深耕嘉義、布局全國。

二是利用支援國手獲得國際賽事的成績，強化金石影響力。我是在 2018 年開始贊助林昀儒，原本預期他會在 2024 的奧運上打出成績，沒想到不到一年的時間，他就從排名第 27 位竄升到世界排名第 6 位！ 2021 年，林昀儒代表國家出戰東京奧運，在與搭檔鄭怡靜的混合雙打中，一起替台灣拿下銅牌，值得一提的是，這也是台灣第一面由土生土長的台灣人拿下的奧運桌球獎牌！

我規劃的藍圖比預期來得更早實現，小林同學也因此一戰成名，讓我們士氣大振，那年我們推行的建案廣告全部都以林昀儒當形象，為了慶祝還加碼抽獎送房子，並邀請嘉義市長幫我們抽出幸運得主，只要是有買指定建案的客戶，都有資格抽一間「金石龍悅」的兩房，也算是結合賽事期間的熱度進行一波推廣。

圖 11　與今生最大獎得主、嘉義市長、林昀儒、鄭怡靜合影

金石未來的願景

從 2018 年開始，我每年贊助在體育上的經費超過 1,000 萬以上，除了贊助林昀儒、陳建安等桌球國手外，還斥資五億自行蓋建桌球館、舉辦全國桌球比賽，甚至還贊助基層學校桌球

校隊，打造國小、國中、高中的三級桌球隊，只為了在素有桌球沙漠之稱的嘉義，打造一座桌球基地，讓更多人了解桌球運動的魅力，當然，也能讓更多人看到，金石建設作為老牌企業的社會責任。

運動有很多好處，有研究報告指出，每天運動一段時間，可以幫助舒緩壓力、減輕疲憊，同時讓身心都更加協調與健康，因而各地政府也積極推動運動風氣，加上疫情影響下，讓人重新重視起健康和運動，讓建商看到這股運動商機，除了推動或是贊助運動項目外，也紛紛推起建康宅，將球場搬進建案中，不用到戶外就能享受打籃球、羽球或是桌球的快樂！

像我這種把品牌與運動結合在一起的企業也不是新鮮事，以做參考書起家的康軒文教董事長李萬吉也非常酷愛運動，不僅在辦公大樓裡面建置各式各樣的運動設施，鼓勵同仁使用外，員工也可創建運動社團、參加比賽，並向公司申請補助。最最瘋狂的是，康軒員工每年還要完成一定的運動學分，作為考績晉級的條件。

我想傳達的意思其實很簡單，就想先拋磚引玉，成為那一隻帶領大家前進的領頭羊，先在自己的能力範圍內作出成果，再集合其他企業的力量，就會形成龐大的推動力！這樣下去，未來一定會有更多認同你的人，一起帶動整個台灣的運動風氣，健壯整個桌球環境。

第 4 篇

建設公司的經營與挑戰

4-1 建設業會面臨什麼衝擊與挑戰？

4-2 從做中學到了什麼？

4-3 有哪些匠心獨具的設計？

4-4 公司如何因應營建成本大增的問題？

4-5 公司有什麼未來發展與願景？

作者介紹

廖子奇 董事長

現職

＊冠勇建設股份有限公司董事長
＊龍德營建機構負責人
＊中華民國不動產經營管理協會副理事長
＊台灣美化協會理事
＊大台中不動產開發同業公會監事
＊太平警友會顧問

公司建案

＊美樹館
＊美學館
＊青籟
＊藤井墅
＊樹上雲一期
＊森謙
＊美臻館
＊有四方
＊三上
＊自在溪頭一期
＊品自在一期
＊樹上雲二期
＊品自在二期
＊自在溪頭二期
＊埔里青田居

冠勇建設股份有限公司

服務專線：(04) 2391-0088

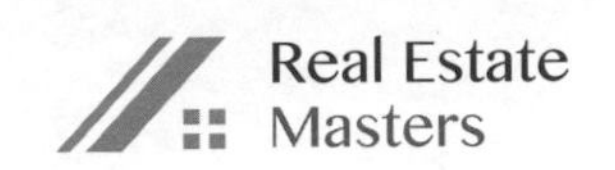

4-1 建設業會面臨什麼衝擊與挑戰？

涉足建設業的契機

不知不覺間在這行已經待了40個年頭，一開始我並沒有踏入營建業這一行的打算，大學念的是機械系，並非本科系，會進入這個領域是因為父親當時有一個合建的案子要完成，民國68年我從金門退伍，前一年中美斷交、加上石油危機，那一陣子人心思變，一度爆發海外移民潮，在失去美國這個強力的保護傘後，到處瀰漫著台灣可能快要淪陷了的焦慮，更別說要在這種氛圍下推動讓人安心居住的建案了，因此工程進度遲遲無法推進，家裡又需要人手幫忙的情況下，我剛退伍，還沒有決定未來要怎麼走，因此就先留下來幫忙，至此與營造結下不解之緣。

對我來說，隔行如隔山，雖然決定要幫忙家裡，可是我並不知道該怎麼開始，想起大專上課時，老師曾提過如何在非本業的情況下抓到訣竅，加上服役期間我也學到很多做人做事的道理，正好可以藉這個機會讓我把之前所學所見都給用上。

一開始我被派到工地現場負責處理雜務，經常接觸到各種工種的師傅，我原本以為這會是很好的機會，可以利用職務之便向這些師傅請教施工上的細節，從做中學，但是出乎我意料

的是，每個人的說法都不太一樣，各有各的道理，我當時只是個門外漢，實在無法從這些分歧的線索中得到有用的建議，唯有系統化的學習對我才有實質上的幫助，所以我報名中區職訓中心開設的課程，利用下班時間去接受正規的指導，配合白天的工作經驗，相輔相成下才有了如今這些成果。我很慶幸在當初這麼惡劣的環境下自己還能堅持下去，沒有被環境打倒，由於這些經歷，讓我從中得到了前所未有的成就與滿足，如今的我自認是一位快樂的生活空間建構者，追求建築與人文共容的美好願景。

40 年來的建築歷程

冠勇建設創辦至今已 42 年，如今也算得上是台中老字號的建設公司，從單純的營建工程到如今的土地開發、建築規劃、自主營銷、品質檢測到售後服務等無一不包，甚至涉足都更案，經手過無數建案，不過說到建案，就讓我想起我第一次做的學生套房，可以說我就是做學生套房起家的，為什麼會想做學套，是因為我住家附近有一所科技大學，我發現來這裡讀書的人有 9 成都是外地來的學子，學校宿舍床位本來就不多，因此很多學生需要在校外租屋，而且一待就是 4 年，我想如果可以設計一套滿足學生需求的學生套房，不僅可以提升學生入住的意願，也不用擔心空房率的問題，每年也有固定客源，實在是一本萬利的投資，公司就開在這棟學套樓下，由我們自己管理，為公司自有資產，也是目前唯一一棟只租不賣的學生套房。

第一件都更案

1999 年台灣發生規模 7 以上的 921 大地震，災情慘重，霧峰市區一處社區住宅全數倒塌，居民已遷居他處，徒留廢墟一片，為增進土地利用價值，當地政府提出原地重建計畫。2011 年我打算在霧峰的亞洲大學旁蓋一間學生套房，因緣際會下，得知市區有這件都更案，於是決定拿下這個案子。在和當地住戶溝通協商後終於取得共識，並在主管機關的從旁協助下，順利拿到委託，耗時 4 年的時間打造這座「大學 VIP 會館」，共 35 戶，提供學子飯店式的住房規格，包含健身房、閱讀室、會客廳、洗衣專用間、科技保全監控系統等設施，讓學生居住環境高規舒適、安全無虞。

圖 1　大學 VIP 會館

2011 年因為要在亞洲大學蓋學生套房，讓我有機會接觸到都更案，可以說學套幫我打開了通往另一扇領域的大門，很多人因為看到我推出學生套房市場反應不錯，也開始學起我推起學套來了！

在這樣的契機下，我開始去了解危老、都更這些項目，發現了房地產業未來可行的方向，希望有更多人可以了解到，配合政策來更新自己危老住宅或社區，不會只是圖利建商，而是住戶、政府與建商三方共贏的局面。這些過程與感悟，讓我對於建設業的未來有了更具體的掌握，同時也奠定了公司未來的經營方針。

市場的衝擊與挑戰

隨著市場競爭的加劇，土地取得越發困難，加上地震、天災頻繁發生，甚至人力成本也越來越高的情況下，對營造業的成本產生極大的壓力。缺工也是一個比我們預期還要來得嚴重的問題，由於學識型態的提升和年輕人紛紛出走，越來越少人願意從事需要耗費體力勞動的工作。這也意味著專業、有技術、有耐心的師傅和工人將越來越稀缺。

很多人都認為，建商就是大財閥，有錢有勢，相對地，普羅大眾都只是小老百姓，如果沒有政府的介入，根本無法與建商抗衡，2022 年政府拋出限期動工的規定，建商需要在獲得土地貸款的 18 個月以內動工，如果時間到了還不動工的話，銀行就會逐步收回貸款，並採階梯式加碼計息，這限制一出讓建築公司的金流更加雪上加霜，已經受到疫情的影響，導致建商面臨缺工困境，近期還受烏俄戰爭的波及，各國人力、物力資源緊缺，導致物價上漲，種種因素都在衝擊營造產業，建商也是有苦說不出。

為了平衡支出，建商只能把成本轉嫁到售價上，這也是房價越來越高的原因之一，政府想要保障民眾打壓那些以拖待變、圈地囤地的不良建商，這出發點是好的，殊不知結果還是得由全民買單，房價只會越來越高，小老百姓更加買不起房，有錢人只會更加有錢，建商也只能觀望風向，等待政策鬆綁。

既然買不起房，那就改租房好了，生活品質也不用受房貸影響，這樣的想法一出，讓房屋市場瞬間供需失衡，市場上房子供過於求的情況下，出現大量的空房潮，建商只能被迫降價求售或以送家電的名義來促銷。以往專門打造豪宅或別墅，主攻注重居住品質、高消費力的建案，由於市場需求的轉變，格局小但五臟俱全的套房反而如雨後春筍般崛起。

這些都是我在房地產業這 40 年來看到的景象，尤其近幾年市場轉變更大，就像大風吹，一下吹這個風向，一下吹另一個風向，對於一個建案要花好幾年來蓋的建設公司來說，都是煎熬和恐慌，畢竟蓋房子不像在堆沙堡，想改就推倒重蓋，一定都要經過縝密的規劃與設計才會啟動，以上種種無疑都是現在建商經營過程中需要面臨的挑戰，也讓我了解到，如果只著眼當下，是無法滿足市場需求的，想要永續經營，不能走紅海那種削價競爭路線，創造新的需求，追求差異化，才能真正地甩開競爭對手。

4-2 從做中學到了什麼？

這幾十年下來，我們完成了無數建案，所幸也得到消費者的肯定，讓每一個建案都能順利完銷，推出的作品其實很多，每個案子也有各自的特色與出彩的地方，都很值得記錄，這裡就挑幾個大家可能比較感興趣的案子來做分享。

美系列三部曲

第一個要介紹的是在 2019 年開工，最近剛完工交屋的「冠勇美臻館」，位於台中東區，鄰近十甲商圈、新光黃昏市場，附近還有影城與大賣場，是一棟地下 2 層、地上 10 層的集合式住宅大樓，共 35 戶，面向南方，陽台採用跳層設計，也就是上下層的陽台是交錯開來的，想說這樣採光更好，也算是一個新的嘗試，沒想到一推出市場反應非常好，很快就完銷了。

圖 2　冠勇美臻館全區模型

「美臻館」是美系列的第 3 棟住宅，前兩棟分別是「美樹館」與「美學館」，都在東區，也都已經完工完銷，原本並沒有打算要蓋成一系列，因為前兩棟反應還不錯，所以後續又推出「美臻館」，承襲前兩棟的口碑與成績，沒想到反應也很熱烈，一推出就銷售一空了。

冠勇三上

面積只有91坪，所以規劃成一棟雙拼住宅，一樓當作店鋪，上面的樓層則作為別墅透天住宅，劃分成15戶，目前正在申請使用執照中，等全部都出租出去後，再來考慮整棟售出。

幸好這個案子採用先建後售的方式，要不然可就虧大了，大家也知道，現在營建成本飛漲，一般建造都要花3到4年，這3～4年的差距就會讓施工成本差很多，尤其中南部的建商應該更有感受，以往蓋一棟大樓，一坪12萬左右就能蓋好，現在都要往上抓個17～18萬，等於多出了一半的成本，所以中南部的建商普遍面臨施工成本大增的問題，這也是為什麼這個案子我要先建後售，如果邊銷邊蓋的話，就無法反應在售價上，會讓我們虧損嚴重！

龍德樹上雲二期

這個案子是我們龍德二代的作品，所以先從小案子開始做起，面積只有100多坪，位在區段徵收的範圍內，共3戶，每戶平均40多坪，想說做成有電梯的豪宅別墅，跟三上一樣採先建後售的方式，售價訂在3,500萬左右，在台中只要超過4,000

萬就算豪宅，央行會限縮豪宅的貸款成數，從原本6成限縮到4成，每個縣市的限貸門檻都不一樣，像台北市就是7,000萬、新北市則是6,000萬，其他縣市超過4,000萬就會歸類為豪宅，所以又叫「豪宅限貸令」。為了爭取較多的貸款，只能把價格壓在4,000萬以內。限貸令看似奢侈稅的效用，想要起到公平正義的原則，但推行10多年來，卻沒有與時俱進，忽略了近幾年因為物價上漲，致使營建造價年年攀升，讓各縣市每坪房價也跟著翻漲的現象，只要坪數稍微大一點的房子就容易超過門檻，業者紛紛叫屈，希望採取滾動式檢討，鬆綁豪宅總價門檻。在目前政策尚未鬆綁的情況之下，建商只能推出小坪數的建案來閃避限貸令。

圖3　龍德樹上雲

資料來源：台新塗料

PART 4

冠勇自在溪頭56行館

這是一棟位於南投縣鹿谷鄉廣興村的集合型住宅，地下2層地上7層，已完工完售，這個結果也蠻出乎我意料的！

很多朋友會納悶，為什麼我會想到山上去做一個集合式住宅？會有人想住山上嗎？事情是這樣的，我是45年次的，如今也到了退休的年紀，人年紀大了，就會想找個空氣好、環境清幽的地方養老，一開始只是自己想住這邊，後來想說獨樂樂不如眾樂樂，既然要蓋就蓋一座大的，養生住宅可以讓大家一起住，是個不錯的切入點。

不過這樣的地點這樣的規劃可以賣給誰呢？售價多少才合適呢？這就是比較需要思考的部分，當地人一定不會買，當地比較喜歡蓋透天這樣的房子，我的土地面積只有430坪，如果要拿來蓋透天的話，也做不了幾戶，如此一來，集合式住宅會是最好的解決方案。

這塊地位在鹿谷鄉都市計畫內的住宅區，所以容積率有200%，但蓋在山坡上有高度比的限制，根據《建築技術規則建築設計施工編山坡地建築專章》裡的規定，高度不得超過23.9米，換算下來我樓高只能做7樓，最後要考量的是，誰會來買？不會是把它拿來當作第一間房的人，畢竟交通、生活都不太方便，最有可能的就是把它拿來當成第二個家，所以我們想打造一個可以讓人放鬆的環境，房間該有的設備都有，包含廚房、餐廳、客廳、兩房兩衛等，而且四面環山、風景優美、氣候宜人，這麼好的景色就得要有一個能夠欣賞的空間，所以每戶都有一個深2米、寬1米5的陽台，擺上一張小桌子與兩張椅子，想像一下，夫妻倆人在此談談心、喝咖啡、聽音樂，是多麼舒適愜意！當然也可以當作你脫離現實壓力，一人獨處的好去處。

小坪數套房貸款難度高

我們在規劃時，基本以兩房一戶和一房一戶為主要房型，兩房戶型大概在26～27坪，一房戶型則在17～20坪，一開

始還有點擔心銀行不願意融資這種小坪數的套房，後來請教了好幾家銀行，發現其實監管會並沒有限制面積，即使 17 坪也可以貸款，不過銀行確實不喜歡貸款給套房，主要有幾個原因：

一、套房坪數小，如果是在社區住宅，戶數一多代表人口出入複雜，可能會讓購屋者望而卻步，對於銀行來說，屬於高風險物件，所以貸款成數會比一般住宅來得低，有些甚至可能無法過件。

二、一般套房給人的印象都是屋主自行隔開的，一旦屋齡老舊就有結構安全的疑慮，或是會被鄰居檢舉通報被迫拆除，這也是大部分銀行不願意承擔的風險。

三、套房算是投資型物件，對於銀行來說，相比於自用住宅，貸款成數就會比較低；另一方面，套房相對便宜，銀行可能因此評估買方的經濟能力，認為還款會有風險。

因為很多年前中北部的套房讓銀行踢到鐵板，銀行吃到苦頭，對套房設限頗多，所以才有套房很難過件的說法，那究竟多少坪才會被認定是套房呢？基本上，室內要有 12 ～ 13 坪，換算下來產權面積只要達 17 坪，就能貸到正常的成數，這也是我們在規劃時學到的地方，也給大家了解。

這個建案成本只有 4,000 萬，產值卻有 3.8 億，一開始也沒有預料到可以賣這麼高，只是當時當地還有兩家公司在推類似的案子，一比之下，不論是外觀設計上還是整體規劃上，都沒有我們來得好，一坪卻要賣 23 萬，我想說做工還是外觀都是我們比較好，所以也決定調整售價，也幸虧這個決定，發包後才沒有虧本，不然後期就辛苦了！

龍德品自在一期

位於台中北屯區祥順西路上，是住三的土地，有 183 坪，道路有 36 米寬，周邊都是大樓，在建築師的巧妙規劃下，做成一棟地下 3 層、地上 9 層的集合式住宅，共 32 戶，一室兩房，一公開不到 4 個月就全部完售，2023 年初完工交屋。這個案子每坪售價 28 萬，在台中這個價格並不算高，主要是因為我們本身就是甲級營造廠，不用借牌，做的也都是自己公司的案子，成本相對比較好控制，如果發包給別人，成本就會增加，比如要在台中發小包，每坪成本 18 ～ 20 萬跑不掉，我們可以自給自足所以價格比較穩定，很多人從外地跑過來看屋，發現我們賣得最便宜，就決定買我們家的，就是這個原因。

圖 4　龍德品自在一期

目前正在籌備申請「品自在」二期的建照，基地共 286 坪，預計地下 3 層、地上 12 層，也是一棟結合店舖的集合住宅。

一期房與二期房的區別

大家有注意到，為什麼有些建案後面會標示一期或二期的

字眼嗎？一期房與二期房又是什麼意思、又有什麼區別呢？這裡就來跟大家解釋一下，所謂的一期房又稱「試水房」或「試驗房」，就是建商取得土地、蓋完樓盤後進行銷售，用以測試市場對於樓盤的反應，取得消費者對於樓盤在設計、設施、規劃等方面的意見。二期房則是用從一期房取得的數據進行完善後推出的改良版本，以更好地滿足市場需求。

一期房和二期房最主要的區別可以概括成以下幾個面向：

一、價格。在同個社區內，一期房的價格基本會比二期房來得低，主要是因為一期房帶有實驗性質，設施和設備尚不完善，還有很大的提升空間，因此售價相對較低。若價格是你買房最主要的考量因素，就可以考慮選擇一期房。二期房有經過多方改進，除了規劃上更顯成熟外，考慮到市場接受度，有些大樓外觀可能還會重新設計，因此售價相對較高。

二、建造時間。一般樓盤需要花多長時間，一期房就要花同樣的時間。因為工程隊已經有了做一期房的經驗，如果設計變動幅度不大的話，二期房的建造時程將會縮短很多。還有一種情況，如果一期房的銷售情況良好，開發商也可能會要求加快建造速度，以期盡快推出二期房。

三、住的舒適度。二期房的舒適度絕對比一期房來得好，因為它是在一期房的基礎上改良而來的。此外，一期房的住戶也可能會遇到二期房還在施工的狀態，施工所產生的噪音勢必影響到他們的生活品質。

龍德青田居

這在南投縣的埔里鎮，是一棟地下 2 層、地上 14 層的集合住宅，共 107 戶，也是我們目前所有建案中樓層最高的一件，已通過都市設計審議，於 2022 年底公開推出。青田居主打的就是無障礙空間，0 到 100 歲的人都適合居住的一個房子，加上地點就在埔里的「大安區」，就跟台北一樣熱鬧，是一棟會讓人越住越健康的健康宅。

實於內，型於外

龍德如今已屹立超過 1/4 個世紀，一直深耕台中，除了是台中老字號的招牌之外，也是引領潮流的「都更推手」。一路走來，始終堅守創建初心，為此更跨足擁有甲級營造廠的實力，不論是改造建築體質的品牌升級，還是從時代的軸線往前看，龍德始終走在時代的最前端，以人為本，不斷追求精益求精。

對我來說，建築就像一條修行之路，無時無刻都在提醒自我提升，因此我很注重建築的每一道細節，包含建築理念、美學規劃、名宅文化等，更希望我們的作品不只是單純居住的功能，更能包含對環境、自然、城市和整個時代的社會責任，營造出一個建築與人共容共好的境界。

4-3 有哪些匠心獨具的設計？

人與人之間有一種難以言喻的默契，就像建築與土地之間的知遇，我們相信那是看不見、無法衡量的美好互動，若說是緣分，我們更期盼那是一種圓融通達、止於至善的境界！龍德營建機構秉持「建築預想未來一百年」的原則，堅持將時間概念納入品牌之必要，是因為在長時間與人們互動深入生活之後，勘透「家」對人們而言是一輩子的心之居所，所以更加戰戰兢兢、嚴謹慎思，建築不但要型隨機能，更要與時並進，超越人們對住宅的期待，越住越健康。

「對土地付出多少的善意，自然便會回饋多少的善意」，人們對土地的依賴、自然的厚養，我們也以建築的善意回應，致力城市美學更新，重新定義土地價值，除了尊重自然環境，導入風光水綠讓建築呼吸，利用自然節能進化空間，並結合高科技智能，打造舒適健康的居住空間。我們從建築本善的細節做起，提升生活品質，讓住戶無憂無慮地生活。

因地制宜，量身打造

不管推出哪一個建案，都必須跟住戶溝通，我們也因而了解到每個住戶甚至每個地區的需求與期待都不盡相同，不能一概而論，所以我們會根據所在地點調整設計，基本可以劃分成都會地區與高海拔地區。都會區的人都很嚮往大自然，所以這裡講求山光水綠，屋外盡量貼近自然景觀，室內一定要二房二衛，以解決上班時間輪流使用廁所的問題；氣密窗有效隔絕屋外的車水馬龍。整體設計上，RC 施工強化結構安全，智慧宅系統提升居住體驗，公共設施以美觀實用為主，12 小時人員保全與 12 小時電子保全輪流守護，落實 24 小時門禁管制，另外還有車位平面化、屋頂植栽減少熱能量吸收等規劃，都是都會地區比較需要的地方。

高海拔地區也就是所謂的深山老林，會選擇在此置產的人一般都是退休、想養老養生的族群，所以最適合打造養生宅或是第二個家，坪數不用太大，打造小而美的生活空間，強調好山好水好風光的自然景色，以及身在此山中活用率最高的觀景陽台，戶外規劃健行步道，戶內配置 KTV、閱覽室、棋藝室等設施，白天偕伴外出漫步，欣賞良辰美景，晚上在公共空間與好友下棋喫茶，互動交流，身心愉悅，自然長生健體，無病無災。

這些都是以消費者的立場，去深入了解住在這個區的人，最需要什麼、最渴望什麼，以受眾角度來企劃包裝，所以我們每一次建案幾乎一推出就完銷，就是因為我們時時刻刻都在注意著消費者的需求與渴望，只要提出讓他們滿足的設計，那離成功就不遠了。

表 1　因地制宜的規劃

都會地區	・風光水綠 ・兩房兩衛＋氣密隔音 ・智慧宅系統＋電子門禁管制 ・平面車位＋屋頂植栽綠化
高海拔地區	・養生保健的養生宅 ・四面環山、主推觀景陽台 ・消費者的 second home、小而美 ・公設媲美飯店

居住的 5 大品質

我們建案最核心的訴求就是「氣、固、水、淨、光」這 5 個品質，其實這也是我們的「家」最需要的 5 個元素，氣就是通風問題；固指的是硬體設備，也就是整個建築結構的穩定性；水則是水管、管道、防水建材等；淨就是淨化住的環境，提升居住安全；光就是採光，搭配自然採光以達節能之效。針對居住的 5 大品質，我們也有獨家配方：

一、室內換氣與廚房排氣設計

1. 室內設置通風百葉及頂樓自然通風器，利用樓梯間做為通風管道，隨時讓室內空氣產生對流，可降低屋內溫度、提升換氣功能。
2. 為了達到「友善建築」之目標，避免油煙排放影響鄰居，設置小型自然通風器，將廚房油煙導引至屋頂排出。

二、角隅結構補強

開口處使用「井字形」鋼筋綁紮，並於窗框角隅 45 度斜角鋼筋補強和「點焊鋼絲網」結構加強工法，避免結構龜裂。樓地板角隅處，因容易產生龜裂，於樓地板四個角隅施作單層雙向鋼筋，完整穿越樑體加強。

三、浴室防水設計 10 道步驟

1. 清潔環境與牆角雜屑
2. 角隅塗上寬 30 公分第一層底漆防水
3. 角隅塗上第二層彈泥防水
4. 角隅貼上防裂網
5. 角隅再次塗上第三層彈泥
6. 牆面塗上第一層打底
7. 牆面塗上二層彈泥並做乾溼分離
8. 地面塗上第兩層彈泥
9. 全面加貼防裂網
10. 試水 48 小時確認不漏水，再貼磚

四、智慧宅系統

台中首家攜手中華電信 FTTH 光纖到府架構，建置未來 10 年雲端網際網路科技智慧住宅大樓，7 大日常生活面與智慧科技管家，讓愛家科技一次到位。雲端監控與電子安保系統，保障家人住的安全。

五、公設室內採光

房子要住得舒適必須滿足 3 個條件：通風、採光與全齡環境，通風採光條件與座向、開窗面息息相關，好的採光，可以減少用電，達到節能減碳的效果。

這裡涉及到比較專業層面的術語，光看文字可能還是不能理解，可以到我們官網，或是掃描右方 QR code，進入官網首頁，下滑頁面就能看到相關影片介紹囉。

官網連結

公司如何因應營建成本大增的問題？

過去經濟起飛的時候，營建業是真的很賺錢沒錯，那時候人人捧著現金搶著買房，只要推出的案子就沒有賣不掉的。但是風水總會輪流轉，有高峰就會有低谷，在投資客的推波助瀾下，房地產行情持續走高，終於被政府盯上，開始祭出一連串的打房政策、限制貸款成數，中小型建商融資被阻斷，加上疫情影響，全球大缺工，原物料物價高漲，讓營建成本與執行難度大幅提升，近期可以說是營建業最困難的時刻。

3 大對策克服營建成本大增問題

俄烏戰爭導致全球原物料大漲，是帶動了營造成本大幅度提高的最大幫兇，對建商來說，最害怕的是那些房子已完銷卻還沒完工，而且不知道還要投入多少錢才能完成的案子。我們當然也深受其害，因為原物料都靠國外進口，台灣沒辦法自己生產，在這種情況下，公司這邊有三種對策，首先就是貨比三家，盡可能多方比價，各種品項都要比對，看到可以接受的價格後就要馬上付款下定，我之前在看電線，發現它每 10 天就漲一次，因為手邊剛好有預售的款項，所以就趕緊付錢下定，這就是我第二個策略，一旦知道未來價格還可能繼續漲的話，我就會先大量下定。雖然鋼筋有稍微小跌了一下，但後來又持平，也是稀缺原料，很多鋼筋廠就會要求買方多付一點訂金，也可能是怕後期又調漲，成本要自行吸收。

最後一個對策也是最重要的一點，就是改變合作策略。以前我們公司會將水電發包出去，我們就只做衛浴設備的部分，其餘就讓對方包工包料，這時候水電的包商就會報價，但都會抓未來的價格，現在外面是漲是跌他們最清楚，所以報價就會再貴一筆，你嫌貴也沒辦法，所以我們這邊就開始轉變合作策略，跟水電包商協商，我們提供原料，對方只要代工就好，這樣一來，運用第一個對策，我們可以採買的是自己多方比價後的原物料，大幅降低了成本，剩下再請包商施工。

可能會有人奇怪，這樣做能省多少錢？品自在這個建案就是運用這樣的策略，我們自己買材料，然後外包代工，這樣一來，這個只有 9 層樓的建築就省了將近 1,000 萬的成本，如果換成另一個大案子，節省的空間是不是就更大了？當然除了要從源頭省流之外，施工時也要嚴格把控，內部耗損也會增加營建成本。

公司有什麼未來發展與願景？

近幾年受到種種因素的影響，建設業發展受到明顯限制，比如政府打房政策限制了融資貸款成數，資金有限的情況下，只能縮小開發規模，以及受到疫情衝擊導致台商回流，在台設廠需求大增，因此現階段增加很多在建工程，需要投入大量的工人跟師傅，然而目前政府並沒有開放民間找外籍移工，造成全台大缺工，缺工嚴重找不到人做，結果就是無法如期交屋，被迫罰款賠償，客戶也不諒解，覺得是建商故意拖欠所致，容易產生糾紛，也不是沒有的事。

沒有人知道這種狀況還要持續多久，雖然各國已經從疫情的陰霾中走了出來，開始努力恢復疫情前的繁榮景象，不過天災好不容易消停了，人禍卻緊接而來，烏俄戰爭衝擊到的不只是當事國，烏克蘭是世界最大的糧倉之一，烏俄兩國小麥出口占全球 1/3，俄羅斯又是最大的產油國，兩方掌握世界經濟最重要的命脈，沒有一個國家不受波及，兩岸局勢也一直處於緊繃狀態，可謂是屋漏偏逢連夜雨，所以我們目前能把握的就是把正在進行的項目給做好。

未來發展與規劃

除了國際情勢與大環境低迷這種不可抗力因素外，政府很多作為在建商看來都是一種打壓，而且是希望最好這一行都做不起來的程度，想指望政府出手相助還不如靠自己最快。

所以我們的規劃是引入科技的部分，現在很流行智慧住宅這種概念，敏銳的人都知道，AI 人工智能的時代已經來臨，之前火爆全球的元宇宙、NFT，到現在讓全球陷入瘋狂開發的聊天機器人 ChatGPT 的橫空出世，種種跡象顯示，AI 時代已經來臨，科技與 AI 的運用已經是一種必然的趨勢，很多產業已經磨拳擦掌，準備用最新科技來開啟新的篇章了。

房地產行業最常提到的一個詞語就是物業管理，為什麼大多數社區都需要收取管理費，就是因為物業管理的關係，它是大樓的一種增值服務，除了能提供建築物內部的勞務和服務，維持建築物的使用年限與使用需求，還能通過經營和維護提升不動產和土地價值，一般常見的物業管理包含警衛保全、清潔服務、設備設施之維護與保養、行政與財務管理、衛生管理等等，因此需要仰賴大量的人力成本，以維護社區內一切的運營，住戶依使用者付費原則，得到了安全、舒適、整潔、乾淨、便利和良好的生活功能，其中蘊含龐大的商機，年產值預估上看 1,000 億以上，可以說是台灣最具發展潛力的行業之一，因此物業管理人才需求大增，很多畢業生也投入職場，但還是供不應求。如今智慧建築的引入，很多人力作業的服務將被 AI 科技取代，除了能省下不少人力成本，科技化的服務也能提高住戶體驗，因此我們決定，未來將在軟硬體設施上加入科技，強調居住智慧宅，然後運用科技節省物業管理成本。

至於未來經營方面，因為現階段政府很鼓勵民間危老或都更，這也是目前房地產業唯一不被打壓、獎勵最多、融資相對寬容的項目，就我觀察，很多家上市櫃公司都已經放棄開發素地，轉而投入危老都更案件上，這也是一個指標，所以我們公司未來也會把重心擺在危老都更案上，配合政策走，也是一條出路。

未來願景

就如同我們一路走來的初衷一樣，希望打造全年齡層都能住的健康建築，除了空間規劃上符合人性、與大自然共同呼吸外，也希望未來可以配置一個正式的檢測，記錄生活在這裡的每一個住戶的身體數據，用數據讓人們知道住在這樣的房子，可以越住越健康！不管是心理上還是生理上，對任何人而言，健康都是無價的，所以房子如果有這種功能，也可以說是無價了！住我們蓋的房子可以活到 100 歲，住別人的就不一定，如此一來，銷售上就會非常有吸引力！

我還發現到一個現象，現在市場上專門為銀髮族打造的房子並不多，主要是因為要付出更多成本，比如必要的設備、設施安全性、醫療照護等，這些額外增加的功能都會增加成本，市場上缺乏這樣的供給，也正是我們的突破口，所以我們希望規劃出給老人、小孩和青壯年都適合的住所，一代傳一代，永續傳承，共同營造三代都能和睦共居的生活空間，將是我們未來努力的目標。

第5篇

違建的利與弊

作者介紹

林明忠 律師

學經歷

＊立勤國際法律事務所主持律師

＊國立政治大學法學士、法學碩士

＊國立政治大學地政學系碩士在職專班

＊全國律師聯合會第 1、2 屆會員代表

＊全國律師聯合會民事程序法委員會委員、不動產委員會委員

＊社團法人台灣身心障礙者職業發展協會理事

＊台北市建築經營管理協會理事

＊全國庇護工廠聯合總會法律顧問

＊中華民國全國商會總會法律顧問

＊《經濟日報》、《今周刊》不動產
法律專欄作者

專長

＊不動產法律、商務法律事件

立勤國際法律事務所

TEL：(02) 2700-6120#521

Line@：@masterlaw

FB：不動產法律的專家

何謂違建？

「違建」，顧名思義就是違章建築，也叫違規建築，根據內政部《違章建築處理辦法》第 2 條規定：「本辦法所稱之違章建築，為建築法適用地區內，依法應申請當地主管建築機關之審查許可並發給執照方能建築，而擅自建築之建築物。」簡言之，就是沒有取得主管機關的許可，自行搭建的建物，只為滿足屋主的私人用途，而未考慮是否會破壞市容、影響其他住戶權益，或符合居住安全等問題，一旦發生意外後果將不堪設想，有鑑於此，政府開始注重此等「違規建物」的存在，制定辦法與拆除機制，期望有效改善存在已久的違建問題。

常見的違章建築類型

在台灣，違建並不是一個陌生的名詞，尤其在開發較早的大台北地區更是常見，因為地狹人稠、寸土寸金，加上早期建築法規稽查不嚴格，因此出現增建（違建）林立的狀況。租屋族更是首當其衝，租屋網站上那些坐落在蛋黃區且租金便宜的物件，其實大部分都是老公寓的「頂樓加蓋」，又或者買房的時候，聽房仲說物件是「公寓頂樓 1 ＋ 1」，說得讓人很是心動，畢竟可以用實惠的價格買到兩層樓的使用空間，不買都覺得吃虧，但其實就是讓人買頂樓戶，連帶把以前占用頂樓公共空間的違建也送給你使用而已，這就是典型的違章建築。

除了在頂樓能往上發展之外，一樓空間也可以往外拓展，當我們路過別人家一樓時，有時會看到對方把廚房或儲藏室外推到防火巷上，占用防火巷的空間，除了讓自家的使用空間變大，也能在賣房的時候因那多出來的空間而增加賣房的價格。

陽台外推

除了上述這些經常存在於老舊公寓社區的違建型態外，新穎一點的電梯大樓也有違建糾紛，諸如「陽台外推」、「露台外推」等，就是把主建物與陽台之間的牆打掉，將露在外面的陽台砌上牆面與窗戶，藉以增加室內的樓地板面積，這就是所謂的「陽台外推」。

也有利用遮雨棚占用公設比例的問題，這些都是電梯大樓中常見的違建類型。如果想要判別建物是否有陽台外推的狀況，除了仲介的誠實以告外，看屋的時候，也可以請屋主或仲介檢附「建物測量成果圖」去現場比對，如果發現現場房屋狀況跟建物測量成果圖有出入，可能就是有擅自增建或改建的狀況，成為違建的隱憂，當下可能沒問題，一旦被鄰居舉報，事後的拆除問題將是你需要承擔的風險。

違建拆與不拆，誰說的算？

政府的緩拆政策

由於早期土地劃分問題，加上建築法規尚不完善的情況下，導致台灣的違建如雨後春筍般一件接一件地冒出，政府即便想拆也拆不完，光是新北市的違建比例便高達 25 ～ 30%，台北市也有 10% 以上的比例，況且這些違建存在已久，對一些住戶來說，它們已不只是財產，更像一個家。如果政府真的鐵腕拆除，會牽動許多人的居住問題，所以違建拆或不拆都是一個兩難的抉擇。以台北市為例，時任台北市市長的陳水扁就曾經針對台北市的違建問題劃分了一個標準，對於民國 83 年 12 月 31 日以前就存在的違建，列為「既存違建」，這些既存違建若是不影響公共安全，就拍照列管，列入政府的「緩拆」行列。

根據《台北市違章建築處理規則》第 4 條之規定，台北市的違建類型依存在時間劃分成「新違建」、「既存違建」與「舊有房屋」三類，這三類都是法律明定上的違建，但擁有「舊有房屋」的屋主依《台北市建築管理自治條例》第 35 條規定：「都市計畫發布實施前之『舊有房屋』其所有權人可申請認定合法建築物」，還有補救的機會，只要是在民國 34 年前興建之建物，現在可依法補交文件，若符合相關要件，有機會申請認定為合法房屋。

表 1　台北市現階段 3 種違建類型

違建類型	存在時間	是否拆除
新違建	指民國 84 年 1 月 1 日以後新產生的違建。	即報即拆
既存違建	指民國 53 年 1 月 1 日以後至民國 83 年 12 月 31 日以前已存在的違建。	緩拆，若違反公共安全，則將優先拆除
舊有房屋	指民國 34 年 10 月 25 日以前及本市改制後編入之五個行政區（文山、南港、內湖、士林、北投）都市計畫公布前已存在之建築物。	

就地合法的心態

根據內政部營建署的統計，截至 111 年 9 月，台灣違建總數高達 71.2 萬件，既存違建數量有 32.8 萬件、新增違建 37.2 萬件。相較 104 年 3 月的 62.3 萬件，增加了 8.5 萬多件，平均 1 年以 1 萬件的數量增長，而台北市 1 月的新增違建有 2,138 件，而拆除數只有 821 件，拆除速度趕不上查報的數量，許多人也因此心存僥倖，自然越蓋越多。

由於每年不斷增加的違建數量，政府的拆除速度趕不上新增速度，許多被列為「緩拆」的建物很可能幾十年都不會有事，久而久之，人們就會有「就地合法」、違建不會被拆除的既定印象，至少沒那麼容易被拆除，進而心安理得地繼續使用。而且因為現階段實務上的違章建築仍然可以作為買賣標的物，雖然違建本身屬於非法建物，但是買賣非法建物卻是合法有效的行為，因此違建的交易在台灣屬於普遍的現象，以致於市場交易時都不把違建視為一個嚴重的問題，不少房仲、賣方甚至會以：「物件雖然是既存違建，但政府不會拆，即使被舉報也不用拆」作為吸引買方與投資客購買的話術。

「違建不會被拆、被舉報也不用拆」是真的嗎？

對一般小老百姓來說，買房是人生大事之一，需要背負數十年的房貸才能換來一個安居的窩，是要過上一輩子的家，當然不會希望買到的房子將來會有被拆除的風險，但也往往因為不熟悉法令規章而忽略了相關細節，進而誤入陷阱。以台北市為例，對於不同的違建類別政府都有分別對應的手段，基本只要在不影響公共安全的基礎上，既存違建與舊有房屋都以緩拆處置，所以賣方、仲介「違建不會被拆、被舉報也不用拆」這樣的說法，也不能說是欺騙消費者，因為從政府明文規定上來看，確實有既存違建緩拆的條件。所以筆者在執業時最常看到的糾紛就是，買方開心買下了違建之後，卻遭同社區或同棟的住戶告上法院，還得到法院命令買方拆除的結果。法院做出這樣的判決並非個案，很多案件都得到了同樣被要求拆除的結果，所以為什麼會出現國家明令可以不拆，但鄰居一狀告上法院之後卻必須拆除的情況？

法院這樣的判決，當然會讓買方非常錯愕，難免憤憤不平地認為：「市府建管處都不拆了，憑什麼其他住戶告我，法院就判定要拆我的房子？」或是去跟法官求情：「法官大人，我這個建物，市政府都說它是緩拆的違建，我認為就可以就地合法了，我也是真金白銀買過來的，憑什麼要我拆？」這類的說法非常多，明明都是違建，為什麼前任屋主就沒被舉報拆除，現在輪到自己就被要求拆除，到底是哪裡出了問題，很多民眾都會有這個疑問。

緩拆不是不拆，別誤把雞毛當令箭

以最常見的頂樓加蓋為例，有一棟五層樓的老公寓，屋頂平台原本是所有住戶共有的，結果五樓的頂樓戶在屋頂平台上面進行加蓋，直接將屋頂平台變成他的私人空間，有一天公寓內突然發生意外，讓其他住戶意識到平常逃生用的平台被違法占據，萌生安全疑慮，為了維護自身的居住安全，就有住戶去訴請法院請求命令五樓住戶拆除頂樓加蓋的違建。遇到這樣的官司，若五樓住戶無法舉出他可以占用頂樓平台的合法權源，法院通常會判決這些違建戶必須進行拆除。

除了有被鄰居透過司法途徑拆除的風險外，部分地方政府拆除違建的決心也相當明確，例如台北市也有一些聲音，欲取消陳水扁市長時期通過的緩拆規則，所以購買違建其實還是會有被拆除的風險。有些購屋紛爭，買方聽信原屋主的話，說「違建部分不會被拆」，但買下沒多久卻還是被拆了。種種跡象證明，購買違建是有風險的，而且風險還不小，所以不要貪圖便宜而因小失大。

5-3 頂樓加蓋為何容易遭起訴拆除？

共同使用權利被剝奪

頂樓加蓋是最常見的違建之一，但也是最容易遭起訴拆除的違建，因為屋頂平台屬於公共設施，是屬於《公寓大廈管理條例》第 3 條第 4 款提到「公寓大廈專有部分以外之其他部分及不屬專有之附屬建築物，而供共同使用者」的共用部分，可見頂樓是屬於全體住戶的。當頂樓住戶在屋頂平台私設建物占據平台，就成了占用共用部分的違建。共用部分，以比較通俗的話來說，就是公共設施，公共設施是每個住戶都能享用的空間，試想你本可以享有的空間卻被剝奪了，即便你平常不會用也不常用，而占有的人只因是頂樓戶，就將頂樓平台作為私人空間使用，對不同意這樣利用的住戶來說，不是很不公平嗎？

樓下住戶如何請求拆除違建？

公寓中遇到這樣的頂樓違建戶，如果你是不同意利用的住戶，應該如何反擊，請求對方拆除頂樓違建？對於這個問題，可以參考《民法》第 821 條：「各共有人對於第三人，得就共有物之全部為本於所有權之請求。但回復共有物之請求，僅得為共有人全體之利益為之。」與《民法》第 767 條：「所有人對於無權占有或侵奪其所有物者，得請求返還之。對於妨害其所有權者，得請求除去之。有妨害其所有權之虞者，得請求防止之。」都有規定，也就是說，如果是遇到頂樓加蓋這類違建的住戶，可以就共有物所有權人之身分，依上列法條去維護自身權益，這也是前面單元提到為何一旦有人告上法院，頂樓違建經常都被法院判決要拆除的原因，因為對方占用的是共用部分，共有物所有權人，也就是其他住戶有權可以行使共有物所有權權利要求對方返還共用部分給全體共有人。另外要注意的是，樓下住戶上法院應該是請求把違建拆除後，返還給全體住戶，而不是只返還給樓下自己，因為公共空間仍是屬於全體住戶，這也是《民法》第 821 條規定的用意所在。

選對請求權基礎是勝訴關鍵

民事勝訴的另一個關鍵就是「請求權基礎」，什麼是請求權基礎呢？白話來說，不論是何種訴求法官都必須依法審理，所以在民事訴訟時，法官都會問原告是依照「什麼法條」來請求對方拆除違建，而這樣的法條依據就是請求權基礎，選對請求權基礎，對於影響民事訴訟的結果至關重要，但是每一個法條的適用情形、所需要的證據都不太一樣，在個案中能否選用正確的法律獲得有利判決，也在考驗律師的功力。

很多人在打民事案件時，常依據自己的邏輯與主觀判斷來行事，經常自認自己很有道理且證據充分，便毅然決然地提起訴訟，然而大多以敗訴告終，這就是因為沒有選對請求權基礎的關係。因為民事訴訟是採當事人進行主義，也就是說法官原則上不會介入原告與被告雙方的主張和攻防，法官通常只以雙方當事人提出的主張與證據作為審判依據。因此，如果提出了不恰當的請求權基礎，為了訴訟的公平，法官就算心裡知道該怎麼主張，但也無法自動幫當事人適用成正確的，不然就對對造當事人不公平了，因此只能認定當事人的請求與他主張的法律不合，而駁回訴訟。

所以在拆除違建的訴訟中，最常見的法律請求權基礎就是《民法》第 821 條與第 767 條的規定，但使用這兩條規定的前提都是原告必須是同一棟大樓的所有權人才行，如果身分只是租屋的房客或是所有權人的家人，是沒有資格依據這兩個條文請求違建戶拆除違建、歸還共有物的。

5-4 公設可以約定給特定住戶使用嗎？

既然可以透過訴訟來解決違建困擾，為什麼還有這麼多違建？違建屋主為什麼不擔心被拆？有被投訴也不用拆的案例嗎？還真的有這樣一個案例，台北市有一棟很知名的住商混合大樓，位於精華地段，早期很多名人都住過，雖然屋齡已經超過 40 年了，但目前成交價每坪還是破百萬。這個案例有趣的點在於，大樓的頂樓住戶明目張膽地蓋違建，而大樓的住戶也向法院起訴屋頂平台有違建問題，但是違建還是沒被拆掉，如今已經占用多年了。很多人覺得奇怪，如果有住戶不滿，怎麼可能還能容忍那麼長的時間，因為前面提到，如果有住戶一狀告上法院，法官可能就會判拆除了，怎麼過了這麼久還拆不掉？

知名大廈頂樓使用權惹爭議

原來占用這個頂樓的住戶 A 主張，該大樓管委會當時已經把大樓屋頂平台的使用權讓給他了，原因跟某 L 姓名人有關，據說 L 姓名人曾是這個大樓的住戶，有一次台北大雨，大樓淹水導致電梯故障，需要一大筆修繕費用，但管委會臨時沒那麼多錢，L 姓名人一聽二話不說就借錢給管委會，管委會為了回報 L 姓名人的慷慨，把平台的專用權轉讓給 L 姓名人，L 姓名人自此擁有了頂樓平台的使用權，後來L姓名人搬離，轉手房子的同時，也把權利轉給了屋主A，因此對A而言，自己有受讓從L姓名人來的專用權，並非無權占用。

由於整個案件還在司法訴訟中，很多細節尚待查證，因此這個屋主的主張究竟是真是假，目前也還沒有一個定論，仍有待司法調查攻防，不論最終判決如何，這個案件給我們帶來了一個值得思考的議題，那就是一棟大樓的公共設施，能不能約定給特定住戶使用？

公設可以約定專用，但有除外條件

把共用部分使用權轉給特定人士使用的情況，實務上是可行的，《公寓大廈管理條例》第3條第5款：「約定專用部分：公寓大廈共用部分經約定供特定區分所有權人使用者。」就明確定義約定專用部分的意義，白話來說，大樓的公共設施只要經過區分所有權人會議決議，就可以約定給特定的人專用，約定專用這個概念其實很普遍，例如社區中的法定停車位或住家露台等，都是常見屬於公設但約定給特定人使用的狀況。

然而除了這些可以特別約定專用的共用部分外，也不是所有共用部分都可以約定專用，因為《公寓大廈管理條例》第7條的規定：「公寓大廈共用部分不得獨立使用供做專有部分。其為下列各款者，並不得為約定專用部分：

一、公寓大廈本身所占之地面。

二、連通數個專有部分之走廊或樓梯，及其通往室外之通路或門廳；社區內各巷道、防火巷弄。

三、公寓大廈基礎、主要樑柱、承重牆壁、樓地板及屋頂之構造。

四、約定專用有違法令使用限制之規定者。

五、其他有固定使用方法，並屬區分所有權人生活利用上不可或缺之共用部分。」有限制部分的公共空間仍要維持共用的狀態。

簡單來說，跟公共利益或公共安全有關的公設，比如讓人通行的走廊、樓梯、防火巷、大廳、屋頂，以及涉及大廈的基礎設施等，即便經過區分所有權人會議同意，還是不能約定給特定人士使用。但如果房屋在《公寓大廈管理條例》施行前即84年6月28日前就蓋好，就不一定會受到上述條文的限制。

表2　約定專用與約定共用的區別

	約定專用	約定共用
意義	社區大樓中的某塊區域，約定給某一戶專用	原屬於社區大樓某一戶的區塊，約定給整個社區使用
常見區域	露台、花台	管理室、騎樓

凡影響公安，約定專用就可能無效

一般的民事訴訟案件中，原則上都是原告要負舉證的責任，但是在拆除違建的訴訟裡，因為原告基本上都是違建占用公共區域的共有人之一，因此原告只要證明自己確實有遭占用區域的所有權或證明違建的存在確實已經影響到原告的所有權行使，那麼法院就會直接要求被告（違建占用人）同樣需要舉證自己確實有權占用或有權要求原告容忍占用的證據。

如果被告無法證明自己占用公共區域的權利合法性，或是有權要求原告容忍占用，這時候法院就傾向判決被告拆除違建。另外，即使被告符合了「有權占用」或「有權要求原告容忍占用」的要求，但只要被告的違建占用影響到公共安全或消防公安時，法院也是有可能判決拆除的。

5-5 只要大家沒意見，頂樓就能一直讓我使用嗎？

在違建相關的公寓大廈訴訟中，有一個很重要的概念，就是「分管協議」，何謂分管協議？就是大樓的區分所有權人同意把大樓的某項公共設施交給特定的人使用的決議，這項協議不一定要像區分所有權人會議決議那樣有書面紀錄那麼正式，如果大家對這種由某人專用的狀態已有共識，而且長期互不干涉、互相容忍，即便沒有書面紀錄，這種默認達成的共識，仍可能被認定為默示的分管協議。

口頭約定的分管協議容易出現爭議

約定專用的適用區域涵蓋露台，公寓露台本身屬於社區大樓的公共空間，不過由於所在位置關係，通常只有露台戶在使用，為了避免其他住戶也要求使用露台，大多時候建商在跟買家簽約時，都會在買賣契約書上記載該露台為分管協議的範圍，並約定給該住戶專用。

相較於新建案會白紙黑字地把協議事項寫得清清楚楚，中古屋買賣的分管協議就容易出現爭議，因為分管協議並無強制要求要以書面形式呈現，且社區住戶不會特地去地政機關作分管協議的登記，所以究竟有無「默示」分管協議存在，常是訴訟攻防的重點。

事先登記，避免爭議

雖然分管協議用默示的方式也能算數，不過如果要避免前面的情況出現，產生不必要的糾紛，也可以前往地政機關申請登記。

根據《民法》第 826-1 條規定，只要登記，分管決定（或協議、契約）就會對第三人產生物權效力，也就是新任屋主也需受分管決定（或協議、契約）的約束。但如果沒有登記，且房仲或賣家都沒向你提到分管決定（或協議、契約）的內容，讓你糊里糊塗就買下物件，也不用擔心，根據司法院大法官《釋字第 349 號解釋》，為了保護第三人的權益，只有在受讓人知悉或可得知分管契約存在時，才會受到分管決定（或協議、契約）的拘束。

沉默不代表同意分管協議

在違建相關的訴訟中，如果被告無法證明自己占用公共區域屬於合法，或是有權要求原告容忍占用，就容易被判敗訴。在實務上，我們常聽到有被告主張：「我已經用了這個違建幾十年，左鄰右舍都知道違建是我的，也從來沒有要求我拆除，所以這已經形成了一個默認的協議了」來加強占用的正當性。

不過，依台灣的社會民情，住戶之所以數十年來不舉報，大多是因為出於不想當出頭鳥、與人為惡的心態，雖然拆除違建的訴訟對大樓住戶來說就像是打一場「公益訴訟」，即便打贏訴訟，也只是要把被占用的地方還給大樓全體住戶，並不是自己得利，但是在訴訟過程中有可能會遭被告記恨，或是被其他住戶貼上不好相處的標籤，所以一般不會有人想上法院打這種吃力不討好的官司。

法院其實也了解這種心態，所以如果違建戶只是主張自己用了數十年沒有人來主張權利，這個論點對法院來說，恐怕還不足以構成分管協議。所以筆者在這裡再強調一次，大家的沉默不一定代表默示同意，仍要參酌個案情形的證據才能判斷。然而不管是書面協議或是口頭約定，若違建使用上有違反公安或消防法規而有公共安全的疑慮，就可能會被法院判決拆除。

默示分管協議如何證明？

在訴訟中對於默示分管協議的證明，主張默示分管協議存在的一方，通常會盡量去傳喚一些證人，比如同個社區的住戶，向他們確認社區過去對公共設施的利用狀況，或者當時的管理委員會成員等等，因為有的時候在老舊公寓，住戶有瓜分公共設施的狀況，例如公寓樓層梯間那一塊平台，可能長年堆放著各樓住戶的雜物，然後屋頂平台由頂樓住戶加蓋建物占用，主要看個案安排調查的方向，以及看雙方提出的證據與事實何者更符合主張。

分管協議可能無效的兩大情況

違建如果影響到消防公安問題，法院基於公安考量，很可能會判拆除。比如民國 86 年 4 月 9 日修正前之《建築技術規則建築設計施工篇》第 99 條有規定：「建築物在 5 層以上之樓層供公眾使用時，應設置樓梯通達可供避難使用之屋頂平台，其面積不得小於建築面積之 2 分之 1。在該面積範圍內不得建造其他設施。」所以即使獲得全體共有人同意使用，若違建物違反上述規定，而被認定對公共安全有影響的話，占用超過二分之一的部分很可能遭判拆除。

還有一種情況，如果違反《公寓大廈管理條例》第 7 條：「……其為下列各款者，並不得為約定專用部分：

一、公寓大廈本身所占之地面。

二、連通數個專有部分之走廊或樓梯，及其通往室外之通路或門廳；社區內各巷道、防火巷弄。

三、公寓大廈基礎、主要樑柱、承重牆壁、樓地板及屋頂之構造。

四、約定專用有違法令使用限制之規定者。

五、其他有固定使用方法，並屬區分所有權人生活利用上不可或缺之共用部分。」

明文規定的這五類公共設施不得作為約定專用之情況，所以即便已經白紙黑字協議好、作成了分管協議決定給哪一位住戶專用，如果違反了這條規定，分管協議也是無效。

民國 84 年 6 月 30 日以前蓋的房子不適用

但有一個比較技術性的議題，實務上也會受到影響，那就是大樓是否在民國 84 年 6 月 30 日前建完？為什麼是這個時間點？因為民國 84 年 6 月 30 日是《公寓大廈管理條例》施行的日期（民國 84 年 6 月 28 日公布，公布日起算 3 日即 84 年 6 月 30 日開始生效），依據法律不溯及既往及物權法定原則，法院會認定在 84 年 6 月 30 日之前就蓋好的大樓，不受《公寓大廈管理條例》第 7 條約定的限制，也就是說，即使違反了《公寓大廈管理條例》第 7 條的約定，對不能約定專用的公共設施約定專用，只要建物符合上述條件，約定專用仍然有可能有效。也因為這樣的時間落差導致判決差異，讓部分民眾感到困惑，認為有些明明違法占用，法院竟然還判分管協議或約定專用有效，主要就是這個原因。

5-6 如何才能避免買到違建？

不動產投資中，難免會碰到違建的問題，因為違建有很大的利潤空間。一般來說，想在台北市投資不動產，投資報酬率最高的物件之一，可能就是老舊公寓的頂樓＋頂樓加蓋，之前有人跟筆者說，他花 1,200 萬買下位於台北市捷運麟光站富陽街那邊的一間舊公寓，是一套 4 樓頂樓含 5 樓加蓋的房子。買下後他把這兩層樓隔成 8 間套房出租，假如 1 間租金 1 萬，8 間就能收租 8 萬，1,200 萬的成本月收 8 萬，年報酬率約 8% 左右，收益相當不錯。這種投資方式就是靠違建擴大使用面積，增加獲利來源，這也正是為什麼會有那麼多人甘冒被拆除的風險也要蓋違建或買違建投資的原因。

利用建物平面測量成果圖實地勘查

如要避免買到違建，不動產標的說明書固然是一個重要資訊，但說明書上勾選沒有違建不代表實際上就沒有違建。實務上，「建物平面測量成果圖」比較具有參考價值，拿測量成果圖對比現場狀況，一比之下，有無違建很容易就能看出來了，現場如果跟成果圖不相符，很高機率就是違建，所以如果真的不想買到違建，在簽約前，可先請屋主拿出建物平面測量成果圖在現場比對，倘若屋主不提供建物平面測量成果圖的話，也可以自己拿著建物地號、建號或是門牌號碼向地政事務機關網站申請。

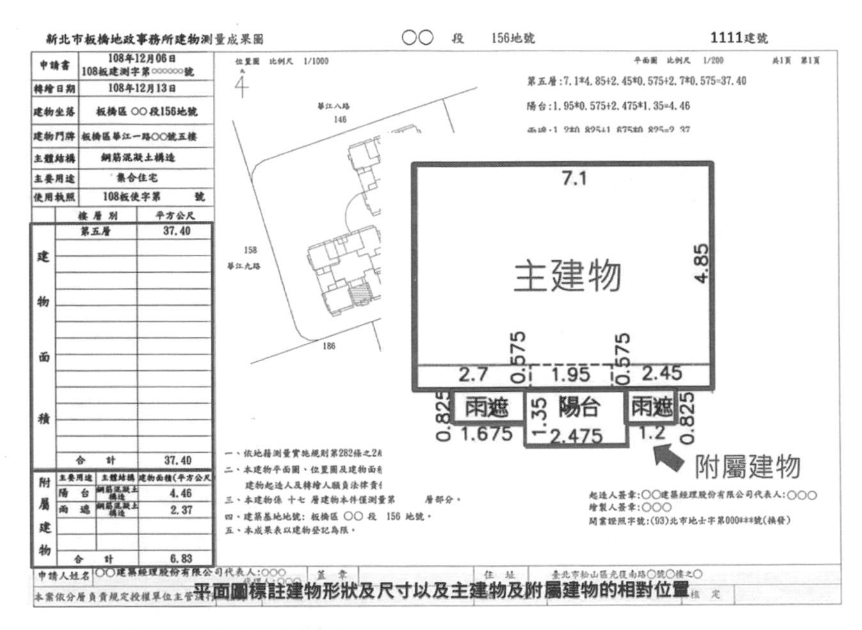

新北市板橋地政事務所建物測量成果圖　○○ 段　156地號　1111建號

申請書	108年12月06日 108板建測字第○○○○○○號
轄繪日期	108年12月13日
建物坐落	板橋區 ○○段156地號
建物門牌	板橋區華江一路○○號五樓
主體結構	鋼筋混凝土構造
主要用途	集合住宅
使用執照	108板使字第　號

	樓層別	平方公尺
建物面積	第五層	37.40
	合計	37.40

附屬建物	主要用途	主體結構	建物面積(平方公尺)
	陽台	鋼筋混凝土構造	4.46
	雨遮	鋼筋混凝土構造	2.37
	合計		6.83

一、依地籍測量實施規則第282條之2
二、本建物平面圖、位置圖及建物面
建物起造人及轉繪人願負法律責
三、本建物係 十七 層建物本件僅測量第　層部分。
四、建築基地地號：板橋區 ○○ 段 156 地號。
五、本成果表以建物登記為限。

起造人簽章：○○建築經理股份有限公司代表人：○○○
繪製人簽章：○○○
開業證照字號：(93)北市地士字第000***號(換發)

申請人姓名　○○建築經理股份有限公司代表人：○○○　蓋章　住址　臺北市松山區光復南路○號○樓之○

本案依分層負責規定授權單位主管　核定

平面圖標註建物形狀及尺寸以及主建物及附屬建物的相對位置

圖 1　建物平面測量成果圖

資料來源：翻拍自板橋地政事務所 YT 官方頻道

魔鬼藏在細節裡

除了不動產說明書外，也要仔細確認契約附件的地政資料。在仲介帶看屋的過程中，如果遇到跟說明書不一樣的地方，務必要請仲介用書面的方式告知，或直接記載在不動產說明書上，甚至把過程錄音錄影下來作為證據，以免後續發生爭議。

筆者曾經遇過一個大樓陽台外推違建案例，賣方在不動產標的說明書上勾選沒有違建，契約附件卻附上一張「建物平面測量成果圖」，從成果圖上面明顯看得出陽台有外推。買方沒注意就買了下來，結果後來陽台違建被政府發函命令拆除，買方認為賣方刻意隱瞞違建事實，憤而告上法院，但仲介辯稱有告知買方陽台有外推事實、契約上也附上測量成果圖，賣方依《民法》第 355 條之規定：「1. 買受人於契約成立時，知其物有前條第一項所稱之瑕疵者，出賣人不負擔保之責。2. 買受人因重大過失，而不知有前條第一項所稱之瑕疵者，出賣人如未保證其無瑕疵時，不負擔保之責。但故意不告知其瑕疵者，不在此限。」法院因而認定買方於買受時應該已經知悉有陽台外推違建的事實，而賣方因此得以免除瑕疵擔保責任，買方敗訴。因此在簽約買房時，一定要多多比對賣方或房仲所附的地政資料是否與現況相符，以免事後主張不易，魔鬼藏在細節裡！

眼見為實，保存證據多多益善

不只是違建糾紛，很多漏水、建物有瑕疵的房屋糾紛，就源自於不動產說明書記載與實際屋況不一致，或是仲介帶看時說明未確實所引起。買房畢竟是人生大事，為了不讓自己後悔或麻煩，在仲介帶看說明屋況時，仔細比對不動產說明書的屋況記載，確認仲介帶看的說明內容和契約的附件有無不一致之處，多花點心思，留下書面或甚至錄音紀錄作為日後的舉證證據，就可以避免很多買賣糾紛、維護自己權益。

自媒體流量變現術

- 6-1 自媒體有什麼魅力？
- 6-2 為什麼需要自媒體？
- 6-3 有什麼推薦的自媒體工具嗎？
- 6-4 如何開始做自媒體？

作者介紹

廖棨弘 房產 YouTuber

學經歷

* 棨揚開發建設股份有限公司總經理
* 仰築室內裝修有限公司負責人
* 裝修設計與房產 YouTuber
* 創世紀不動產教育訓練中心資深學員
* 台北市建築經營管理協會理事
* 逢甲大學建設學院碩士畢業

訂閱管道

* YouTube：哇洗弘 A
* TikTok：保捷哥

6-1 自媒體有什麼魅力？

大家應該都有感受到，我們的閱讀習慣產生了巨大的轉變，過去總是透過書報雜誌和電視廣播來獲取訊息，隨著科技快速發展，網際網路的出現改變了人們獲取訊息的方式，因為方便、易上手、傳播速度快，也沒有限制或門檻，任何人都能在社群網站上發表言論，有人創作有人分享，久而久之吸引了一群粉絲，就成了初代流量，後來影音視頻崛起，大家發現，會動會說有 BGM 的視頻更加吸引眼球，既能創造流量，也能產生影響力，還能變現致富，也不會因為是素人還是明星就有區別對待，只要有自己的特色，人人都可以是自媒體，這正是自媒體的魅力所在！

開啟網紅模式

自媒體最大的好處就是可以將流量變現，也就是透過播放次數賺取廣告收益，以 YouTube 為例（以下簡稱 YT），YT 有幾種獲利模式，其中一種就是廣告收益，只要自己的影片被瀏覽，就能獲得相關的廣告收入，非常適合想要開始經營自媒體的初學者。看過 YT 影片的人都不陌生，影片播放一半就會冒出好幾秒長的廣告，這些廣告就是 Google AdSense 的一種功能，只要成為 Google AdSense 的會員後，Google AdSense 就會自動在 YT 的各種影片中幫你置入廣告，其他影片創作者也不是平白無故就被置入廣告，他們可以得到廣告收益，由於每打一次廣告都要付費，等於播放次數越多賺得就越多，這就是流量變現的原理。

流量越大也代表影響力越大，很多大流量的 YouTuber 會自己開頻道，要上他們的頻道宣傳打廣告都是要付錢的，因為他們的流量大，有很多人看，廣告效果好，如果說你的影片一上架就有 5 萬人次觀看，那表示你的頻道很值錢，如果沒多少人看，就表示你的頻道沒什麼價值。

因為我有在投資房地產，熟悉房地產動態，對於室內裝修、室內設計、老屋改造等也多有涉略，發現這個議題很適合拍成視頻，除了自己當成紀錄外，還能幫大家解決不動產方面的疑難雜症，所以我在 YT 上開了一個頻道，不知不覺也過了 2 年，目前共發布了 142 支影片，4 萬人訂閱，3,677,562 人次觀看，也算是業內小有名氣的網路紅人，剛好有機會，就在這裡跟大家分享我是如何經營 YT 的，其中有什麼眉角，以及我如何用自媒體來行銷我的不動產事業吧！

圖 1　YouTube 自營頻道

什麼是自媒體？

自媒體的英文是 we media 或 self-media，顧名思義，就是個人能透過網路或社群平台對外分享訊息，一種由下而上地傳播訊息，有別於以往經由電視、廣播、報章雜誌那種由上而下的傳播方式，所以又被稱為新媒體，由於部落格、臉書、IG、TikTok、微博、Podcast、Twitter 等社群平台的興起，提供了多種讓人暢所欲言的管道，這種利用網路傳達自我想法，展現個人魅力，每個人都是一個微型媒體的傳播方式，就叫做自媒體。

當然自媒體的媒介也是有在進化的，最早是從文字開始留下足跡，例如早期的 BBS、痞客邦、無名小站、部落格等，各自都有各自火紅的時期，直到部落格出現，大家開始在部落格上公開發表文章或自己的創作，創作是需要有動力的，一般人不可能平白無故產出不求回報，這裡的回報可以是網友回應、互動、留言、按讚等鼓勵形式，求的還是有人看，有更多人看才更有動力更新，呈現一種正向的循環，不知道大家有沒有注意到，有些人氣作家就是從部落客出身的，出版社看中這些部落客的高人氣，因此向他們遞出橄欖枝，邀稿出版，最出名的就屬部落格天后彎彎。

2003 年的 Facebook、2005 年 YouTube 的相繼出現，揭開流量為王的序幕，我們每天都暴露在資訊爆炸的時代，想要快速吸引眼球，文字不再是主流的傳播工具，取而代之是有聲光效果的影片視頻，再配上網絡傳播速度的效果加乘下，往往只要一支影片，就足以讓素人一夕爆紅，也因為這樣的成名致富之路平等地為每個人開放，以至於各種個人創作如雨後春筍般一個一個冒了出來，成為了現在引領資訊的新風向，專職 YouTuber 甚至成為年輕人的職業首選之一。

網紅經濟崛起

網紅一詞最早源於中國大陸，是網路紅人的縮寫，指的就是那些經由網路迅速竄紅的人，這些人通常是素人，只是由於自身的某事件或某個行為，在網路上受到極大的關注而一舉成名，嗅到這股商機，YT 引進 MCN（Multi-Channel Networks）這個機制，投入資本為後盾，打造出一個創作者穩定產出內容的創作平台，這裡的 YT 就像是一個仲介，一邊找創作者簽約產出內容，一邊找廣告商投資，實現三方都能獲利的商業模式。

YT 雖然源於美國，美國的網紅起步也最早，不過真正將網紅變現的卻是中國大陸，2016 年的上海高峰論壇上，新浪微博與一家名為「艾瑞諮詢」的研究機構共同發表了一份「2016 網紅生態白皮書」，首次盤點網紅現狀、分析網紅經濟與發展，並將其定調為正式的商業模式，全面產業化。當時中國最紅的網紅「Papi醬」在微博上傳了69支原創影片，總點閱率高達2.46億次，她的第一次網路直播，更創下2,000萬人次觀看，打賞金額則有90多萬人民幣，可見網紅經濟有多龐大。

2016年大陸還有一名靠著美食影片走紅的網紅李子柒，她的影片除了帶有濃濃的古風外，全程不說一句話也是一大特點，不僅會做美食、還會各項農業勞動，堪稱「李萬能」，讓她斬獲一大票粉絲，2020年5月，成為首位突破1,000萬訂閱的中文YouTuber，也是第3快升上千萬訂閱的YouTuber，過程只花了2年4個月的時間。2021年2月2日，更以1,530萬的訂閱量打破了「YouTube中文頻道最多訂閱量」的金氏世界紀錄。不過人紅是非多，由於某些原因頻道已經停更一段時間，不過即便如今帳號停更，每月還是能有78萬人民幣的廣告收入，是不是相當可觀？

我們台灣也有很多小有名氣的網路紅人，有些靠才華、有些靠鮮明的個人特質、有些展現愛國情操、有些分享知識，當然也有很多是很抓馬的，以搞怪Kuso取勝，不過都有各自的擁護者，只要能準確抓住網友目光，引起共鳴，就有商機。以下整理了幾位台灣知名的網紅代表，你可能沒看過他們的作品，但絕對都有聽過他們的名字，在我們看到的現在，其實都是他們一步一腳印走出來的結果，而網絡平台則是讓他們的努力得以被看見的一塊敲門磚！

表 1　台灣知名網紅

網紅代表	平台	個人特色	成為網紅年齡
蔡阿嘎	YouTube	台灣囝仔、草根性強、愛台灣	24 歲
古阿莫	YouTube	5 分鐘幽默講評影視作品	28 歲
彎彎	無名小站、部落格、FB	用搞笑插圖抒發生活及職場上的生態	23 歲
這群人	YouTube、bilibili	網路搞笑短片	20 歲
阿滴英文	YouTube、付費頻道	英文教育、日常分享、YouTuber 教學	26 歲

自媒體的優缺點

自媒體的出現是科技發展下必然的趨勢，它為人們帶來了很多便利，比如發聲的管道、成名的捷徑，但也因為人人都能利用，如果不加以規範，很容易被有心人拿來當作操控輿論的工具，其實有利有弊，但如果好好利用，優點更多，當然最吸引人的地方就是能打造自己的 IP、提升名氣，名氣提升就代表有流量，廠商就會來跟你談合作、談業配、拍廣告，甚至有很多名人或政治人物願意付錢上知名網紅的頻道，就是看重網紅在年輕族群的影響力。除此之外，很多網紅也相繼開啟人生的第二個副本，比如原本在 YT 上經營英文教學的阿滴英文，在擁有高流量後，決定把知識變現，除了出書外，還開始經營付費頻道、成立公司、跟名人合作，持續活躍於各大平台上。

表 2　自媒體優缺點一覽

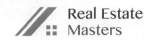

特性	優點	缺點
大眾化	每個人都有出頭的機會	競爭性大
自主性	可以發揮所長	容易自我膨脹
門檻低	容易發布訊息	內容缺乏管理
互動性	即時獲得反饋，能修正軌道並改進	不理性的攻擊或批評
真實性	代入自我意識	缺乏第三方支持

自媒體的優點也可能是缺點，由於每個人都能為自己發聲，一旦意見一多，資訊難以統一，就容易產生衝突，造成社會問題，高流量是一把雙面刃，很多人認同你，就表示你的影響力大，一言一行都會影響他人，因此就更必須堅守道德底線，一定要回歸傳播者的出發點和內容的本質，出發點必須是良善的、散發正能量的，內容需要著重內涵、深度，才能彰顯出價值。

6-2 為什麼需要自媒體？

在了解了自媒體的演進與優缺點之後，總歸一個問題，就是我們為什麼必須做自媒體？可能有人會說，我並不想成名、也沒有才藝或表演天分，是不是就不需要自媒體了？大家可能誤解了自媒體原本的用途，自媒體其實就是一種傳播資訊的媒介，只是這個媒介是我們個人，我們透過網絡把訊息傳達出去，讓更多人收到訊息就是自媒體最大的用處了，它沒有傳統媒體那樣有很多限制與門檻，也不需要什麼成本，所以是最好的行銷方式，在現在這個社會，各行各業都需要行銷，就像YouTuber拍影片要有人看一樣，自己的產品想曝光也要會行銷，學會自媒體行銷，可以說是百利而無一害！

達到一對多的傳播效益

一般想要曝光，都是需要花錢置入，比如在報紙雜誌刊登廣告、上電視打廣告、在FB花錢買廣告等等，但是如果你自己就是自媒體，就不用花這些錢，只要經營好自己的社群網絡，就會有一定的曝光效果，這正是自媒體之所以吸引人的地方。

很多人都認為，錢是世界上最重要的東西，但從行銷的角度來看，我覺得人生最重要的不是錢，而是時間，因為時間是用錢買不到的，這麼說好了，當你有自己的產品、提案、品牌想要曝光時，你會選擇用一對一的方式，還是一對多的方式呢？聰明的人一定會選擇一對多吧，好不容易拍好一支宣傳影片，讓一個人看到和一萬個人看到，效果就是不一樣，這也正是網路傳播的威力，不過要讓傳播規模擴大，主要還是建立在你的內容品質上，所以營運好你的社群平台是打開免費流量的關鍵！

拉近彼此的距離

經營 YT 頻道之後，讓我有一個很深的感觸，自媒體讓我們不用花錢就能跟觀眾拉近關係，因為他們透過影片看到你，久了之後就對你產生一種親近感，這就是一個好的開始，很常聽到有些觀眾入戲太深，對著私下的演員喊劇中角色的名字，就是一個道理，我也有同樣的經歷。我的頻道「哇洗弘 A」經常會去拜訪一些要裝修的業主，雖然是第一次見面，但對方看到我的第一眼就好像認識我很久，直接開口對喊我道：「你好，弘 A」，還搭著我的肩走路，這種親近感沒有好幾年的交情是建立不起來的，後來在聊天的過程中，讓我逐漸了解到這份親近感的由來，因為他看過我的頻道，知道我是怎樣的一個人，所以我擅長的領域有哪些，我有開什麼單元，甚至我的節目可以為他帶來什麼樣的幫助，他都很清楚，這就是自媒體幫我縮短與觀眾的距離，因為親近所以產生信賴非常成功的一個例子。

節約時間

我在經營 YT 之前，經常碰到不同的人來問我相同的問題，由於我對不動產投資有小小心得，所以很多人都會來問我怎麼買房、如何挑選、怎麼貸款等問題，每遇到一個朋友提問，我就要跟他從頭到尾講一次，豈不浪費時間，倒不如拍一支專門解答的影片，既可以當作拍片的素材，也可以把有同樣問題的人引導去看影片，增加點閱率，省下回答問題的時間，可謂一舉數得。如果有其他問題，而且我還沒拍過的話，就會成為我下一個影片的主題，幫我省去想題材的煩惱，這樣子的一個教學互動，對 YouTuber 來說也是非常良好的循環。

流量變現

初級的 YouTube 流量變現，主要依賴廣告收益，不過想要賺取廣告收益，需要先通過 YT 的一些關卡才行，首先，你得先成為 YT 的合作夥伴計畫，要成為合作夥伴，你的影片需要累積超過 4,000 小時的觀看時數，以及一年內得到 1,000 個訂閱人數，滿足這兩個條件，你才能註冊 Google AdSense，啟動廣告獲利模式，Google AdSense 會運用演算法在你的影片中置入適配的廣告，只要廣告達到 1,000 個觀看次數，就能賺進 1 到 5 美元不等的收入，這會根據你所在地區而有所不同，平台也要跟你抽成，所以最終你會拿到 55% 的獲利。

這是利用 YT 賺錢最簡單的方法，不過 1,000 個播放量才能拿到 1 到 5 美元，而且還要被平台抽成，換算下來，根本賺不了多少錢，這種獲利方式只適合流量大的網紅，對於剛起步的 YouTuber 來說，藉由經營 YT 頻道來累積經驗值和名氣，其實也是不錯的努力方向。

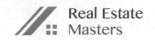

最好的獲利模式就是幫人業配或是直播帶貨，這些都是額外收費，台灣知名網紅丟丟妹、連千毅還有近期竄起的廖老大，都是透過直播方式做產品銷售，甚至是號召加盟。總之，經營自媒體能讓你產生一定的影響力，往後不論你是要賣課程、賣產品、賣服務或是推行訂閱制，因為已經有一群認同你的人，當你要將流量變現的時候，你的自媒體經營就會變得很有價值，且無須投放廣告，就能號召群眾，這時候流量就真的是金錢！

如果我們本身就是自媒體，我們就可以替自己的產品做推廣，不僅能省去找人代言或業配的成本，自己也熟悉如何企劃一支影片，省下投放廣告的費用。

我雖然只是一個小小的 YouTuber，但也是有人找我業配。我之前做過一個特別企劃，就是在中秋節的時候請街友吃月餅、烤肉、發送口罩，然後有一個店家看到我，就跑來跟我說，他有在看我的頻道，然後熱情地邀請我去拍一下他們新開幕的餐廳，這是我人生第一個業配，當下也不知道行情怎麼算，就跟對方約好，我幫他拍，然後他請我吃飯，就當交個朋友，當然這支影片也上架了，有興趣的朋友可以搜索我的頻道或掃描右邊的 QR code，就能看到我發布的全部影片了！

我的 YT 頻道

那該怎麼用自媒體營銷不動產呢？其實把你最擅長的項目拿來做素材就行了，如果你是房仲，你最擅長的一定就是向客戶介紹形形色色的房子，就可以做一系列開箱房子的影片、介紹它們的特色，做出一些個人特色出來，想買房的人可以雲看房，看到你的介紹覺得有趣就會來找你。不只想買房的人會找你，要是影片拍得好的話，建商也會找上門，因為你在自媒體上已經有一定的粉絲數了，也有公信力和影響力，這時候請你去幫他的建案推廣或背書，對他的產品來說無疑是加分的，而你也能賺到一筆額外的收入，所以我從接觸自媒體以來，越發覺得自媒體是個人必須發展的一項技能啊！

6-3 有什麼推薦的自媒體工具嗎？

自媒體工具無處不在，比如我們每天都會打開的 Line、FB、IG、微信、WhatsApp 等都是可以拿來自我營銷的工具，但 Line 和微信都屬於個人與朋友圈內傳播訊息的工具，傳播範圍較侷限，而 FB、IG 或 Twitter 就屬於社群平台，訊息可以設定隱藏也可以公開，就很適合拿來作為傳播產品的一個管道，以臉書為例，雖然現在已經改名叫 Meta 了，不過我還是習慣叫臉書，大家理解就好。提到 FB 就會提到它的觸及率，觸及率就是指你的貼文能被多少人看到的意思，早期臉書要曝光很容易，觸及率約有 20% ～ 30%，以朋友圈來講，倘若有 1,000 個朋友，一篇貼文大概會有 200 ～ 300 人看到，被觸及到的人會根據貼文好壞來決定是否跟你互動，這樣的互動包含按讚、留言和分享，也就是所謂的互動數。如今臉書觸及率明顯下降，要想曝光只能付錢投放廣告，在沒有下廣告的情況下，觸及率可能只剩 1%。

臉書的運算機制

臉書近期改變它的經營策略，推出「Meta Verified」身分認證訂閱制付費服務，除了保障用戶帳號的安全性、防止他人盜用外，取得「藍勾勾」的用戶還可以得到更好的客服系統服務，在臉書和 IG 發文也能獲得更高的能見度。這就表示往後想要在臉書做免費的曝光，將更有難度，最快的方式就只能透過投放廣告或是付費成為會員，才能提升產品曝光度。

我在使用臉書時，發現臉書有個優點，也可以說是優化，就是平台會根據用戶習慣以及運營方針，來不斷修正它們的演算法，然後利用新的演算法去執行相關貼文的曝光與推播。以下就是臉書演算法會參考的一些數據：

一、權重機制

用來決定貼文成效的主要依據，根據按讚數、留言、分享轉發的數據來進行評分，這些執行動作有難易度的區別，越難執行的動作得分越高，難易度由高而低依序是分享→留言→按讚，因此只要貼文有足夠的誘因能觸發觀眾回應，就能增加貼文觸及率。

二、互動機制

臉書是一個強調互動的社群網絡平台，要想貼文更大程度地曝光，就要鼓勵粉絲在貼文中多多互動，也就是按讚、留言或轉發，粉絲給你留言時你也必須回覆粉絲留言，增加互動性的連結，平台才會優先提高此貼文的曝光與觸及率。粉專雖然是粉絲向的介面，但它的自然觸及率比個人檔案更低，只有 2 ～ 3%，所以目前都是用來做下廣告使用。

三、廣告投放效益

每一則貼文被觸及到的投放成本，一千次大約 50 元，就叫 CPM（cost per thousand impressions），即每千次曝光的成本，換算下來，每被觸及一次，就要花 0.15 元，某些行業的廣告成本更高，大概在 0.3 ～ 0.5 元，只要你的貼文被人滑過，就要付 0.3 ～ 0.5 元，累計下來也是非常可觀的。

雖然廣告投放的成本很高，但是精準度也很高，因為 FB 有很龐大的會員數，這個數據背後有每一位用戶的個資，可以用來精準定位每一位受眾的喜好，也能手動選定廣告目標受眾，讓廣告投放更加精準。

如今臉書在自媒體經營上更加受限，原因無它，除了觸及率低落之外，還有一個就是年齡代溝，目前臉書的使用者平均年齡在 35 歲以上，小紅書和 TikTok 取代 IG 與 FB，晉升成為現下年輕人最喜歡的兩大社交軟體，大學生已經不再上臉書了，對年輕人來說，臉書已經是過氣的社交 app 了。

如果你想利用臉書來達到推廣的目的，可能就要評估看看是否值得花這些時間和成本去經營了。

Instagram

Instagram 是臉書旗下的子公司，兩者最主要的差別就是，臉書是以圖文為主，後來引入直播功能，IG 則以圖片為主，搭配少許文字，比較類似相簿，也能播放短視頻，很多用法都跟臉書類似，除了頁面呈現不同外，使用者的年齡層也比 FB 年輕一個世代，是現代主流自媒體社群平台之一。

YouTube

除了貼文形式的社群自媒體以外，也有主打影音類型的自媒體，最為人熟知的就是 YouTube，大家也許知道 YT 是最大的影音平台，但一定不知道它也是全球第二大的搜索引擎，第一大則是 Google，現在很多人上 YT，不只是找娛樂，也在找答案，這讓我想到，我讀碩士班的時候，有一天我的指導教授跟我說：「我家燈泡壞掉了，本來想打電話叫你來幫我看看，後來我決定自己先試試看，搞不定再叫你。我先上 YouTube 搜尋，看人家怎麼換燈泡，看了三支影片後，就學會自己換了。」我想很多人應該也有過這樣的經驗，包含我自己做自媒體，有時候也會參考 YouTube 上別人分享的成功案例，然後再內化吸收變成自己的東西！

可能會有人納悶，為什麼會有人願意花時間做影片去教人家如何解決問題或如何成功，卻不求回報呢？我覺得世上還是有很多人樂於分享自己的知識的，也願意提供協助，就像我決定要拍影片，也不是出於想要靠這個賺錢，其實也賺不到多少錢，但在投入產出的過程中，我學到了很多東西，包含如何企劃影片、如何找素材、如何運用鏡頭語言等等，得到觀眾正面的評價對我來說就是莫大的鼓勵了，如果還有額外的收入，當然也會開心，但我開心的點是，我的影片企劃也有商業價值，表示我也是成熟的 YouTuber 了。

TikTok

除了 YouTube 這個影音平台之外，市面上也出現了新的影音平台 TikTok，大陸叫抖音。兩者的差異在於，TikTok 以短視頻為主，影片長度通常在 1 ～ 3 分鐘，最長可以到 10 分鐘，不過還是以短視頻占大宗，追求的是隨手一拍或是重點直達的效果，非常符合現代人的快餐主義，一推出馬上就成為熱門的交友社群。據統計，目前 TikTok（含中國抖音）全球下載量已突破 30 億次，等於全球超過 1/3 的人都在玩 TikTok，月活躍用戶也突破 10 億人口，更可怕的是，TikTok 用戶並沒有全面集中在國高中生上，不只年輕人愛用，連 30 歲以上的使用者都在玩，而且互動性也高，可以說完勝臉書。

有一個有趣的調查顯示，TikTok 用戶腦波很弱，很容易被洗腦，有 89% 的人表示自己因為 TikTok 上的推薦，衝動性消費，因而踩雷。也有 9 成的夥伴表示，在 TikTok 上看到相關產品的廣告後，會去進行後續的搜索，平台上甚至出現「#TikTokMadeMeBuyIt（TikTok 讓我買了這個）」的 Hashatg，相關影片甚至累積了上百億的觀看數！

至於變現方式，在大陸，抖音紅人可以靠直播帶貨，一晚上可以創造 1,000 萬台幣的收入，但台灣目前還未開放。TikTok 用戶可以給創作者發送「虛擬禮物」，創作者也能將這些禮物變現。為了留住人才，TikTok 還有一個「小費罐（Tip Jar）」打賞機制，但目前還在測試階段，一旦開放，將又是另一種創造收益的途徑。

自媒體成功案例

這四種管道我都有用過，也用自己的經驗幫大家分析了一波，這裡也分享一下一些自媒體經營成功的案例，給大家參考：

霸榜 3 年的收入冠軍

2022 年《富比士》雜誌公布「全球收入最高的 YouTuber」排行榜中，有一個小男孩從 2018 年開始連續 3 年蟬聯排行榜冠軍，年僅 11 歲，2021 年收益就有 2,700 萬美元，折合台幣 7.56 億元。

男孩叫 Ryan，他的頻道 Ryan's World 目前有 3,180 萬人訂閱，主要在開箱一些兒童玩具與試玩的過程。2015 年的某一天，3 歲的 Ryan 看了其他人的開箱玩具影片後，問了媽媽一句：「其他小孩都可以拍玩玩具的影片，我也可以嗎？」這句話打開了 Ryan 的 YouTuber 之路，一開始爸爸只是隨手幫他拍影片，後來媽媽也加入，為了能專心幫他經營頻道還辭去高中化學老師的工作。

Ryan 的每一次玩具測評都會影響玩具的銷量，他介紹過的玩具都在短期內銷售一空，可見他的影響力有多大。

小小網紅妞妞

國外有小男孩開箱玩具，台灣也有類似的網紅，小女孩叫妞妞，開了一個叫「妞妞 TV」的頻道，內容包含 DIY、開箱、小實驗、小劇場等，7 歲開始妞妞媽媽就幫妞妞拍居家影片，一開始拍的是史萊姆的粘土玩具開箱分享，隨著年紀漸長，拍攝主題更加多元，例如情境模擬劇、食物評比等，很受同齡小朋友的關注，現在一家人專注妞妞的頻道，不過妞妞爸媽也有自己的副頻道。

YT 的付費訂閱機制

喜歡宇宙、外星人、都市傳說、神祕學、奇聞軼事的人應該都有在關注「老高與小茉」這個頻道吧，目前已有 565 萬訂閱數。老高和小茉是一對夫妻，老高會在睡前講一些都市傳說或科學故事給小茉聽，後來才拍影片分享給更多人看。老高的獲利主要來自於「YT 的頻道會員」，有些創作者會開啟「頻道會員」，粉絲可以透過每個月付款來支持他們喜愛的創作者，做為回報，創作者會提供會員專屬福利，不是每個頻道都有開啟「頻道會員」，要想知道頻道有沒有開啟「頻道會員」，只要看到頻道首頁有顯示「加入」，就表示該頻道有這個功能，點進去之後，就能看到每月的訂閱費用及會員專屬福利。

頻道會員開放不到兩天，老高與小茉就獲得「YouTube 頻道會員全球增長最快」的成就，據說至少有 30 萬人加入，如果一個月每人收費以 100 元來計算的話，30 萬的會員就能月收 3,000 萬，不過平台會抽 3 成，所以最終只拿到 7 成。如果你自媒體做得上手，有廣大粉絲，影片又有價值的情況下，其實真的能幫你創造非常可觀的收益。

知識型 YouTuber

如果還不確定自己想要開什麼樣類型的頻道，推薦大家可以做所謂的知識型 YouTuber，將自己拿手的、厲害的事情分享出來，實現知識變現。有一個跟我一樣在講自己專業的頻道，就叫「水電爸爸」，推出不到一年就破了 30 萬訂閱，還與經紀公司合作推出線上課程，教授居家水電原理，讓民眾在家也能自己修馬桶、換燈泡，做些簡單的 DIY 水電維修。令人印象較深的是，這名水電工總是操著一口流利台語，很有鄉土的感覺，影片則由兒子幫他掌鏡，記錄這個爸爸平常修理水電的過程，也會教一些用電用水的觀念，就像經常幫你修水管的師傅那樣，時不時跟你嘮嗑兩句，很有親切感，因此被廠商看中，接到很多業配。

網紅洗衣店

前面分享的都是 YT 案例，最後來一個在 IG 爆紅的例子吧。這是一對網紅夫妻，一個 83 歲一個 84 歲，倆人在后里經營一家傳統洗衣店，孫子因為疫情關係無法出國工作，只能待在店裡幫忙，因為店裡時常有很多客人忘記帶走的衣服，孫子就用這些衣服給兩老穿搭，配上時而誇張時而時尚的墨鏡，拍下照片放在 IG 上，立刻吸引大家的目光，老人家與時髦服裝擦出了火花，極大的反差卻又不違和，頓時成為話題焦點，夫妻倆還被邀請上了台北時裝週的舞台，也與蔡總統同框拍攝重陽節敬老影片，說他們是全台最資深的網紅一點也不為過。

6-4 如何開始做自媒體？

現在社交工具和社群平台那麼多，哪一種都很容易上手，門檻也不高，與其說要如何開始，我覺得更重要的問題是，你想要什麼時候開始？對於已經經營自媒體一段時間的我來說，我會跟你說，只要你有想法、想要做，什麼時候都不嫌晚！

喜歡寫文章的人可以去經營網誌或部落格，喜歡拍照的人可以經營 IG，不過我最建議大家踏入影音類的自媒體，這種表現方式更能彰顯親和力，曝光度最快最廣，效益也最大，如果是有目的地經營自媒體，影片行銷是我認為最契合當今主流審美的手段了。

要經營屬於個人的自媒體，其實並沒有什麼條件限制，每一個人都可以做自己想做的題材、每一個人都是獨一無二的個體，想法與創意各異，即便是同一個素材，每個人拍出來的效果也一定不一樣，不用擔心這個題材被拍爛了，再拍也拍不出什麼花樣來，抱持這樣的心理，永遠跨不出第一步。我覺得每一個人都可以做自媒體，想要取得更好的成績就要持續進步，這一點對任何人來說都是一樣的。

自媒體必備要素

指定人設

觀眾喜不喜歡你，很大程度取決於你的人設。可能有很多人會覺得「人設」是個貶義詞，就像角色扮演，透過假裝成一個正面陽光的角色來得到觀眾的喜歡，隱藏了真實的自己，其實這裡的人設並不是叫你隱藏自我，就像我們會隨著人生的不同階段扮演不同的角色，可能是子女、學生、社會人士、情侶、父母、朋友等，人本來就有不同的面向，在自媒體領域立「人設」，其實就代表你期待自己成為什麼樣的人，而我們長期在觀眾面前也是要透過這個「人設」才能在一片資訊大海中，脫穎而出，在觀眾心裡留下印象。

其實不僅我們人需要立人設，現在很紅的聊天機器人 ChatGPT 也要立人設，怎麼說呢？ChatGPT 是一款能針對我們的問題，透過網路大數據蒐集資料後彙整成一個完整的答案，Google 只能搜尋相關資料，並沒有彙整在一起的功能，我們需要一個一個自行消化，如果資訊太龐雜，就要花更長的時間來消化，因此 ChatGPT 的出現讓大量的資料處理得到了解脫，當然就會有人腦筋動得快，把它拿來處理文字，撰寫文案、文章或論文等，這時候就涉及到立「人設」的問題。比如我們要寫一篇闡述網路行銷並分析優缺點的文章，這時候我們要幫它下一個比較吸睛的標題，如果你直接輸入讓 ChatGPT 幫你發想一個吸睛大標，你得到的會是比較中規中矩的答案，如果你在提問之前，先幫 ChatGPT 立一個「標題發想大師」的人設，再請 ChatGPT 幫你下標，這時你得到的答案會更貼近你所想要的方向。為什麼要立人設其實很好理解，因為網路數據太過龐大，如果沒有限制一個方向，ChatGPT 只能隨機給你一些答案，當然也能透過不斷地修正來訓練 ChatGPT，直到出現你要的效果，不過這麼做比較費時，如果你一開始就給它立明確的人設，會省掉很多試錯的功夫。

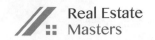

硬體設備

想做自媒體不外乎就是從兩方面著手，硬體和軟體，最簡單的硬體用身邊的手機就能開始做，可以等到技術成熟再慢慢升級裝備，比如手機穩定器、三腳架、收音麥克風、LED 持續燈、自拍棒等設備，這些都是一位專業 YouTuber 會入手的專業器材。

軟體設備

軟體部分就比較複雜，包含想題材、企劃、寫腳本、分鏡、拍攝、剪輯，以及後期要幫影片上字幕、音效、字卡等，網路上不只有人分享自己的創作心得與技巧，還會分享一些免費使用的資源，可以幫助你充實你的影片畫面。

曾經有一位 60 多歲的長輩跟我學拍片，學完後發現真的不難，聽完我 1、2 小時的解釋後，就已經掌握了拍一支小影片的技巧。我自己也是一位 44 歲的中年大叔，專注力也沒有少年時期那麼高，在這年紀才開始經營自媒體，學習剪輯影片與經營

頻道，如今還能夠小有成就，我都可以辦到的話，我相信有志者也都可以辦到。

給自媒體朋友的一句話

你想過這個情況嗎，就是現在的小朋友都在滑手機，不是在看 TikTok 就是在看 YouTube，等到這一群人長大後再來跟你競爭，社群網絡可能已經輪替好幾代，到時候你能比得過他們嗎？你的能力有比他們強嗎？你的創意能比他們多嗎？你拍攝手法會比他們好嗎？

想了這麼多，不如做就對了，這沒有什麼先來後到的問題，也不是時間點的問題，總之就是先開槍再瞄準，後續再慢慢優化就可以了，現在自媒體已經很飽和了，如果現在不做以後會更難做，現在就是涉入自媒體的最佳時刻！

第 7 篇

3D 動畫與不動產的結合

7-1 3D 行銷與不動產有什麼關聯？

7-2 何謂 3D 動畫？

7-3 3D 建築動畫有什麼優勢？

7-4 如何用 3D 動畫銷售中古屋？

作者介紹

張清松 總經理

學經歷

* 豐毅營造工程股份有限公司總經理
* 創毅室內裝修有限公司總經理
* 橙毅實業有限公司總經理
* 真藝教育中心創辦人
* 桃園市室內設計裝修商業同業公會常務理事
* 桃園市室內設計菁英協會常務理事
* 台北市建築經營管理協會理事
* 大學兼任業師
* 元智大學管理學院管理碩士在職專班
* 中華大學建築與都市計畫學系

張清松

創毅室內裝修有限公司

Line ID：chenyibox

服務專線：(03) 2717-890

3D 行銷與不動產有什麼關聯？

以建商的角度來看，從買地、蓋房，到最後的成屋售出，所需要負擔的成本基本可以分成以下幾種：首先，買地就會有土地成本，買好地後要請建築師設計規劃，便會產生設計成本，在取得建物執照後就要請代銷公司預售，就有銷售費用。預售後開始施工興建，這時候就會有營建成本，除了以上這些成本外，也有很容易被忽略的成本，包含土地融資、工程融資的利息與繳交土地增值稅的成本，所以每一個建案都是動輒好幾千萬、甚至上億的交易，雖然從頂層思維來看，建案成功與否取決於前期的規劃與定位，然而房子好不好賣，最關鍵的還是在於如何有效行銷、引起目標客群的注意，如今時代在變，技術也日新月異，如果行銷方式也能與時俱進，不僅能為用戶帶來新的體驗，也能為不動產業注入一股新的能量。

公司成立，一步一步與 3D 結緣

說起我為什麼會想到用 3D 動畫來行銷不動產，其實跟我的創業經歷有關，我先簡單地自我介紹一下，我是建築與都市計畫學系畢業的，從事這一行已經超過 25 年了，旗下有 3 間公司，我一開始是做建材起家的，主要做的是金屬材質的遮陽、格柵、天花板的鋪設和外牆的仿石塗料，想說我既然有材料了，便進一步擴大業務範圍，隔年再成立「創毅室內裝修有限公司」，開始室內裝修、設計、規劃、施工等一條龍的服務，幫過住宅、托育中心、補習班、安親班等做過裝修，也承接過公共工程標案，也就是在這個時候，開始接觸 3D 動畫的部分，透過 3D 模擬，將原本平面的設計圖以立體的方式呈現給委託人看，不用等到完工後就能看到設計成果。效果也比圖片或 DM 來得更加吸睛，只要放在網路上，無時無刻都可以傳播瀏覽，對有興趣買房的人來說，透過 3D 動畫模擬，就可以看到自己未來的家是什麼模樣，代銷人員不用再解釋老半天、也不用親自去現場看屋，馬上就有畫面，可以說是最貼心的行銷手段了。

圖 1　上海 13 號線自然博物館金屬天花板

找到有力的行銷方法，加上客戶的反饋也不錯，讓人信心大振，兩年後我又成立了「豐毅營造工程股份有限公司」，從原本幫人整修、設計、裝潢，只做局部規劃施工整合，到自己開發、材料供應、營造、銷售，全面一手包辦，如今也順利完成好幾個工程建案，像是透天住宅、住商大樓、工廠等，當然也承包公共工程標案。

相關得標案件

單位	標案名稱	類型	標案金額	招標日期	決標日期	得標廠商	原始公告
新北市立淡水高級商工職業學校	111年餐旅中心實習中餐廳裝修工程	公開招標公告	1,504,444	2022-07-26	2022-08-18	創毅室內裝修有限公司	決標公告
臺北市立中正高級中學	藝德樓廁所整修工程	公開招標公告	1,344,025	2020-04-01	2020-05-05	創毅室內裝修有限公司	決標公告
桃園市復興區衛生所	桃園市復興區衛生所附設居家護理所廳舍修繕工程採購案	公開招標公告	0	2018-11-12	2018-12-12	創毅室內裝修有限公司	決標公告
桃園市中壢區芭里國民小學	室內遮陽、隔熱及降溫設備採購	公開取得報價單或企劃書更正公告	610,155	2018-07-10	2018-07-27	創毅室內裝修有限公司	決標公告

圖 2　2023 年創毅室內裝修有限公司得標案件

資料來源：政府電子採購網

除了營造公司負責人的身分外，我也有幸受邀成為大學兼任業師，業師就是指「有業界工作經驗的講師」，有別於學校聘用的正規教師，業師資格不需要經過國家考試，只要具備相關實務經驗資格就能到學校授課，將業界的工作經驗分享給學生，以達到產學交流之目的。可能也是這個原因，我想把自己的實務經驗傳承給更多人知道，所以我又開了「真藝教育訓練中心」，以教室內裝修並取得證照為主。

在現今國家考試專業制度下，專業證照成為莘莘學子進入室內裝修行業的門檻。我創立室內裝修教育機構的目標就是想讓那些想從事室內設計行業的人，一方面取得國家認證的技術士證照外，一方面能有更多的實務經驗，不論是去求職還是自行創業，都能成為行業中的佼佼者。

真藝教育訓練中心除了有室內設計乙級證照教學課程外，未來還打算開辦關於裝修設計、工程整合等專業實務課程，並向上延伸建築相關行業專業實務課程，期許學員能夠學習更多元的從業專業技能，增強市場競爭力。

圖 3　真藝教育訓練中心授課畫面

7-2 何謂 3D 動畫？

3D 動畫聽起來好像是電影或動畫片才會出現的技術，給人有點遙不可及的感覺，然而隨著科技越來越進步，我們覺得高端的技術也逐漸普及應用在我們的生活層面上，利用 3D 動畫行銷建案並非我們首創的概念，經過不斷地革新與發展，如今已是行銷不動產的新增選項了。最近幾年有在看房的人應該都能感受到，很多購屋網頁上，除了物件照片展示或拍成影片的常規操作外，還增加了一項能 VR 環景看屋的功能，點選後就能 720 度全方位無死角查看物件，這就是 3D 與不動產結合的最好證明。有興趣的人，可以掃描右邊 QR code，看一下 VR 實景看屋的效果！

VR 環景看屋
來源：中信房屋

360 度全景與 720 度全景的差異

3D 是英文 3 Dimensions 的縮寫，是指由長寬高這三個維度所構成的空間，也就我們所謂的立體概念，而 2D 就只有長寬兩個維度，也就是平面的概念。我想大家對平面和立體這兩個概念絕對能清楚辨別，但是你們知道 360° 全景、720° 全景與因元宇宙而爆紅的 VR 這三者之間有什麼區別嗎，為了對 3D 動畫

這個技術有更好的理解，我們得先解決這些可能會讓人混淆的觀念。

有在用手機的人應該都有發現，手機內建一種 Panorama 全景圖的模式，只要手持手機水平自轉一圈，拍出來的就是一張扁長型全景照片，這就是 360° 全景圖，由於你拍攝角度只有水平移動，照片只能左右滑動，無法上下滑動，所以也就是一圈 360° 的全景照片。而 720° 全景圖則是用特定手機鏡頭所拍出包含水平影像和垂直影像的照片或影片，手機鏡頭就像一顆球體，所以可以拍出立體的角度，我們可以在 720° 全景影像中上下左右自由滑動，Google 街景圖就是最能代表 720° 全景影像的範例。

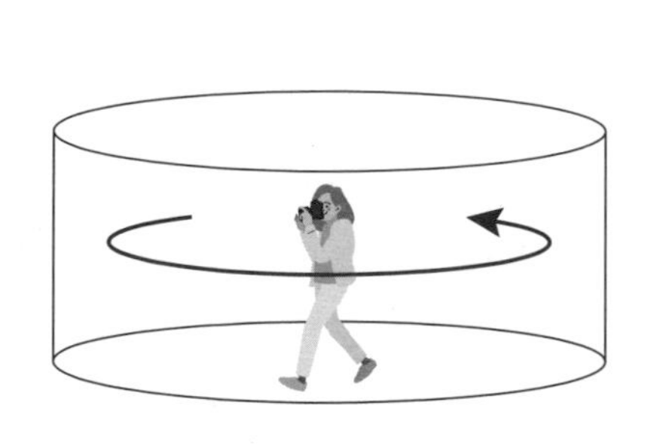

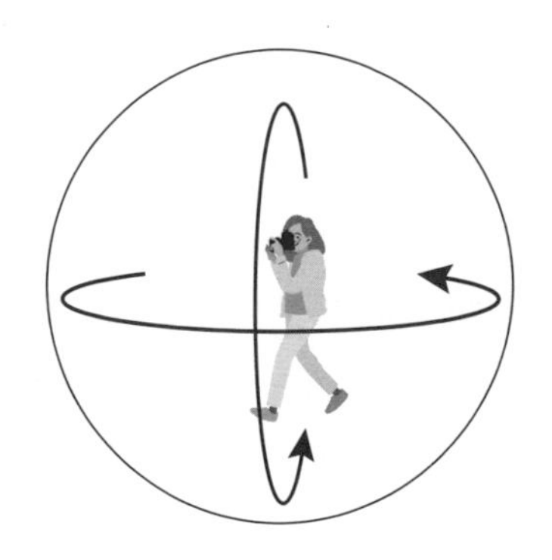

圖 4　360° 全景與 720° 全景示意圖

360° 全景和 720° 全景其實都是同一個概念，之所以稱呼不同，是因為一部分的人認為 720° 全景概念是把水平的 360 度和垂直的 360 度加總起來，得到的就是 720° 全景，但一般來說，還是習慣用 360° 全景來稱呼。

現在知道 360° 全景與 720° 全景的差別了，那 VR 又是什麼呢？差別就在於是不是實景，前兩者是用手機拍出來的實景，而 VR（Virtual Reality），中文叫虛擬實境，則是用電腦 3D 渲染製作出來的虛擬空間，穿戴上虛擬眼鏡後，人就彷彿被虛擬世界包圍，可以在裡面自由移動或與角色互動，因為虛擬眼鏡要價不菲，也不是必需品，所以現在比較普及的就是類似前面提到的 VR 環景看屋的方式，有興趣的話，掃描右邊 QR code，這是一支用 360° VR 製作的海綿寶寶遊戲影片，來感受一下沉浸式互動是怎樣的感覺吧！

360° VR 影片
來源：KhanFlicks

3D 動畫能解決認知上的差異

由於大部分的人都不是專業人士，所以在看設計師繪製室內平面配置圖時，通常都要靠自己努力，去想像這樣的規劃下房間會是什麼樣子，如果換成用 3D 動畫繪製房間擺設的話，就能模擬出立體而動態的效果，既有空間感也有實物感，比單看平面圖來得更加實際。畢竟人的想像無法控制，光靠平面圖和設計師口頭上的解釋，客戶想像出的畫面也可能跟設計師描述的結果有所出入，這樣的認知差異如果只能等到設計師完工才能發現，到時要改也很難補救了。

除了平面圖的繪製，設計師或建築師其實也會提供透視圖作為參考，透視圖指得就是以觀看者的視線與畫面的交點所形成的圖像而言，由於符合一般人對實體的視覺印象，所以建築師也會用來表達設計的建築物及空間感，向客戶傳達對空間及物體的理解。不過，不論是 2D 透視圖還是用電腦繪製的 3D 透視圖，都不像 3D 動畫那樣有動態效果，客戶體驗感還是差很多。

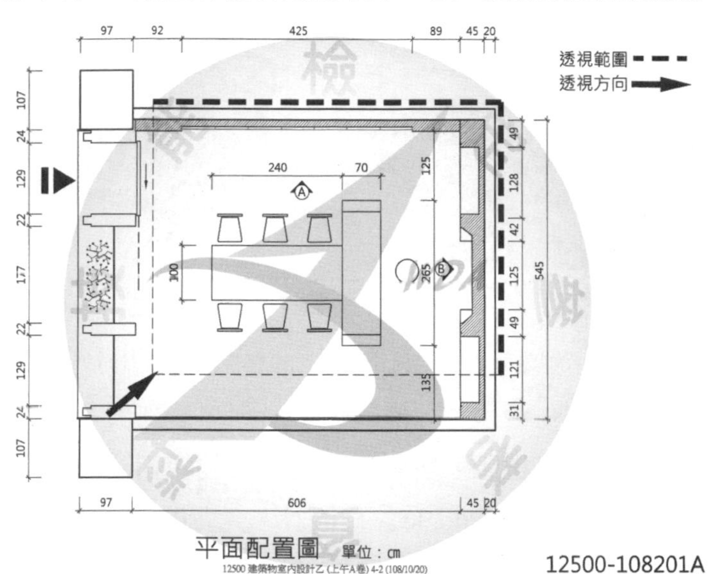

圖 5　2D 平面圖

資料來源：108 年室內設計乙級技術士術科考題

有人曾這樣描述，說設計師繪圖給業主的情形就像是在寫一封圖文並茂的情書，透過插畫讓業主理解設計師的設計理念以及建築物的特色。製圖的重點在於清楚易懂，3D 繪圖正是在科技發展之下，讓建築師可以更容易將想法和設計重點落實的重要工具。除了大型建案的設計之外，越來越多室內設計師也會使用 3D 繪圖，透過立體的維度，看到物件不同面向的光影反射，讓業主能具體感受到實物間的距離感與空間感，也能讓人直接「看見」實際完工後的畫面，不用自己去想像。想更換不同尺寸的家具與不同的搭配所呈現的效果，透過 3D 繪製也能輕鬆解決，無須再一張一張手工繪製，耗時耗力。

圖 6　2D 透視圖

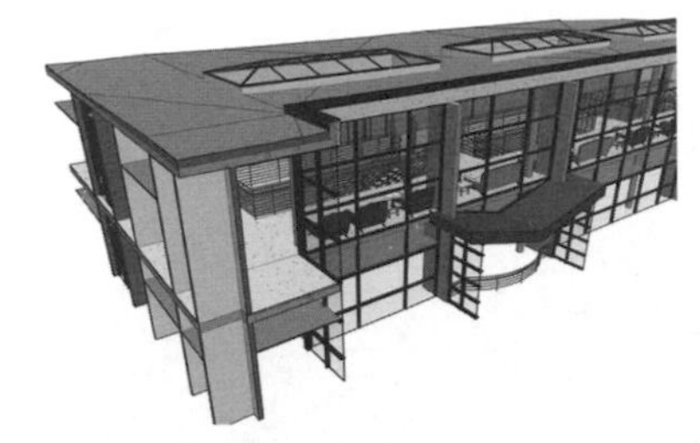

圖 7　3D 透視圖

3D 建築繪圖就是透過電腦完成的畫面或影片，乍看之下好像離我們的生活很遠，但其實它已經滲透到很多我們平常蒐集資料時的工具裡頭，坊間也出現越來越多相關的運用，比如 IKEA 的虛擬布置、Google 家居設計、免費的線上室內設計網頁等等，這些都是 3D 繪製建築的應用，雖然很多都是免費，但都是為了讓我們對「家」這個空間能更有感覺，讓人能夠掌握未來空間具象化的樣子，好提高購買願意而拋出的誘餌罷了。

7-3 3D 建築動畫有什麼優勢？

經過介紹，大家應該已經清楚 2D 與 3D、平面與立體、360 度全景和 720 度全景的區別了，因為 VR 的技術過於新穎，離普及化還有一大段距離，而 360 度全景和 720 度全景是以實景為主體，跟動畫沒有太大的關聯，所以我們這裡就只用 2D 與 3D、平面與立體、動態與靜態的對比來說明，3D 動畫的優勢、應用與價值。

3D 動畫實現線上看樣品屋

3D 動畫，可以說是立體版的 2D 動畫，兩者都可以用電腦製作、搭配音樂、添加素材等，但比起 2D，3D 可以做出更多不同的變化，處理更多細節，例如能模擬環境，包含地理位置、建築物內部與外觀、空間景觀、光影變化等等，這些細節能讓人有身臨其境的感受，讓人真實感受到空間感與實物感，而這些感受是 2D 動畫或是平面動畫無法辦到的，這也是為什麼我覺得 3D 建築動畫很適合用於不動產行銷，尤其適合預售屋或中古屋的行銷，只要想想購屋族的心理，就可以得出這個結論。

一般想買房的人都會先到購屋網去看看物件，瀏覽物件的照片，幸運的話，屋主可能還會貼心附上一小段實景拍攝的影片。等確認好幾個目標物件後，再跟房仲預約看房，遇到圖片跟實況相符的物件，有可能第一次就能簽約，不順利的話，就得再從網站上繼續篩選、再預約看房，換成上班族，平日要上班，看房時間只能定在週末，是不是覺得時間都浪費在無意義的過程上了？

按照一般慣例，建商都會先開預售，籌措到一定的資金後再開始動工，但預售屋連實體都沒有要怎麼賣，所以通常會委託代銷公司幫忙銷售，代銷公司會有一個接待中心，裡面會有樣品屋可以讓人親身感受房子應有的大小，大廳處也會一個預售屋街景模型，可以讓人了解房子與街道相對的比例，接待小姐也會提供專業的諮詢，雖然作法傳統但也不失為是好辦法，唯一的缺點就是因為地點固定只能被有限的民眾看到，無法吸引到更遠地方的受眾。如今 3D 動畫技術越發成熟與普及，打造 3D 動畫版樣品屋，就能輕鬆吸引到更多有需求的人瀏覽，既節省了買方的時間，又達到了宣傳效果，豈不是雙贏？

現在市面上有越來越多使用 3D 動畫來行銷建案的例子，且在疫情衝擊下，很多產業都已陸續轉型改做線上服務，當然這也是未來必然的趨勢，人不用到現場，只要透過網路就能解決一切。

圖 8　桃園某住宅 3D 動畫畫面

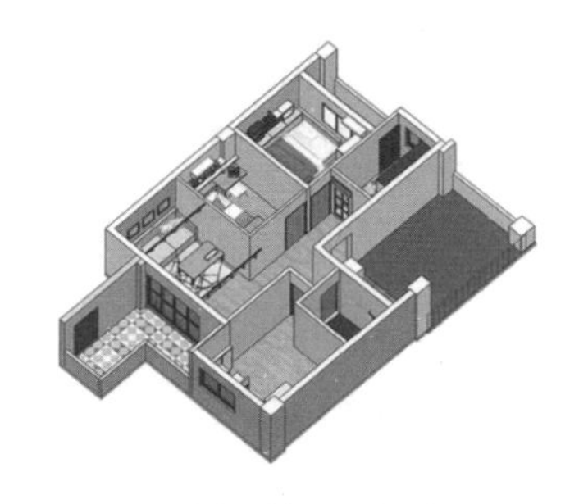

圖 9　該住宅 3D 規劃設計

3D 建築動畫的優勢

大數據明確告訴我們，在社交平台上，影片獲得的按讚數和分享比文字和圖片來得多更多，也就是說，比起靜態的圖片或文字，動態影片對我們更具有吸引力，有時候這種吸引力甚至會影響我們的消費行為；且藉由點讚分享，也替網站帶來更大的流量，讓更多人看到。

可以說，影片的威力超乎我們想像，對於行銷不動產而言，3D 動畫又比 2D 動畫更能有效展現設計特色，以我多年從事不動產的經驗來看，我認為用 3D 動畫行銷有四個主要的優勢：

一、更貼近真實

由於蓋房子通常要花一大筆錢，所以建商習慣先預售，等售出戶數達到一定比例後再開始蓋，這時候客戶其實沒有辦法具體知道房子最後會是什麼樣子，所以一般都會打造一間華麗的接待中心與等身大的樣品屋，以此來滿足買家對未來居家空間的想像。雖然一開始也有人試著將 3D 動畫引入業內，可惜並沒有引發風潮，直到近幾年受到疫情的影響，很多人不去人群聚集或密閉空間，線下的參觀人數與接待活動也明顯驟降，線上看屋的需求因而逆勢上升，我們開始研究 3D 動畫行銷的可行性，希望藉由這種嶄新的改變提供更好的用戶體驗，提升成交率，以度過景氣寒冬。

簡言之，3D 動畫比平面構圖更能具體地呈現實體的全部面貌，更能刺激觀看者的視覺神經，所有的細節都能在動畫中看得一清二楚，若有問題也能及早發現，免去一來二去、傳達不明確的困擾。

二、減少溝通成本

只要透過電腦模擬，盡可能去還原出設計師的設計理念，確實能減少很多作業時間與不必要的浪費，最大的好處就是省去與業主溝通的成本，因為它能把設計師的想法視覺化、具象化，不再是虛無飄渺的語言或文字，也不只是二次元的構圖，現在透過 3D 動畫，就能把腦袋裡的構思轉化成能被看見的「實物」，讓業主快速且正確地理解到設計師的想法，節省反覆溝通的成本，提高作業效率。

另一項好處前面也有提到，就是能夠遠距賞屋，無須特地來到現場，現在的人行程都很忙，加上疫情改變了我們的消費習慣，如果能透過網路解決就會優先考慮使用網路，而不會特地跑一趟。也就是說，提供客戶便利，其實變相就是為自己增加成交的機率。

三、個性化的表現

就像漫畫，除了劇情故事吸引讀者外，另一個吸引讀者的因素就是漫畫家的畫風，也就是繪畫風格，就像每個漫畫家都有自己的漫畫風格，你也可以製作具有個人色彩的 3D 動畫，搭配專屬音樂，只要音樂響起，就能讓人聯想起你的作品，在現在主要還是以平面動畫為主的市場上，更能讓人眼睛一亮，達到吸睛效果。

四、高階的電子樓書

為了推銷房屋，開發商會製作一種印有房屋圖片與文字說明的廣告性宣傳物料，統稱樓書，比起媒體上常見的房地產廣告和銷售資訊，樓書更加詳盡與豐富，是房地產廣告的一種重要形式。

樓書內容主要包含了外觀、整體布局、地理位置、樓層介紹、房屋平面圖、房屋結構圖、售價、配套設施與物業管理等範疇，詳盡介紹售樓資料，也可以理解成是售樓的使用說明書，由地產開發商出版，主要是提供給物業、買家、投資者或中介人買房之前的參考。

作為房地產的行銷手法之一，為了刺激買氣，很多開發商會在樓書上下功夫，互相比較誰印得更精美，然而即便印刷再精緻，樓書仍脫離不了平面媒體的限制，只有圖和文字敘述無法給人留下深刻印象，為了促進銷售效益，所以出現了電子樓書的形式，將售樓訊息透過不同的載體傳達給大眾，最常見的用法就是在現場利用電視向客戶投放大樓銷售訊息。

因為電子樓書可以將不同形式的訊息結合在一起，不論要加入什麼素材都非常方便，如果再結合 3D 影音動畫，樓層結構看得更一清二楚，透過大樓電視牆不間斷地投放，絕對能給客戶不一樣的感受。

7-4 如何用 3D 動畫銷售中古屋？

相信大家在看完前幾個單元後，對 3D 動畫的特色，以及用來行銷不動產時，會比 2D 動畫多出哪些優勢，已經有一定程度的了解了，3D 動畫可以完整地模擬出預售屋完工後的樣貌，2D 動畫當然也行，只是沒辦法那麼全面而已，容易出現視線死角，3D 動畫就不會有這個問題。既然可以模擬出還沒蓋好的房子設計，那當然也可以用在要重新裝修的中古屋上！

人會老，房子也會老化，時間久了難免會出現一些狀況，或是原本的格局不好，須要打掉重新裝潢，遇到這些情況時，屋主不必急著先裝修再出售，用 3D 動畫就能解決，為什麼我會這麼說？接下來就幫大家分析一下吧！

屋況差不用先整理，3D 模擬提供改造新思路

以中古屋來說，尤其是屋況很差的房子，屋主可以先不用急著把房子整理好，可以用 3D 動畫去模擬房子裝修後的樣貌，給未來買家提供思路，可以如何裝潢、如何空間規劃、如何布局等等，越是老舊的房子越值得改造，改造後的成就感也越大，這正是中古屋的魅力所在，而且知道真實的屋況後，自己裝修也比較安心，很多看起來光鮮亮麗的房屋背後可能藏有壁癌、

漏水等 NG 屋況，當下或許看不出來，等到住進去一段時間後才發現有問題，還得打掉重新裝修，也是麻煩。

做出市場區隔，提高瀏覽率與詢問度

在這快餐時代，一切講求快速與重點，抖音能夠迅速竄紅，正是因為抖音上的影片只要幾十秒就能讓人看到重點，足以看出現在大家都不喜歡花太多時間在同一個內容上，而台灣人經常瀏覽的 YouTube 為了跟抖音競爭短視頻市場，也在 2020 年 9 月推出了 YouTube Shorts，也就是 YouTube 短片，影片市場內捲這麼嚴重就為了留住用戶，如果我們還停留在用文字或 DM 這種一點也不吸引人的宣傳媒介，就只能等著被市場淘汰。3D 動畫雖然不是全新的概念，但在不動產市場上還算少見，很適合做出市場區隔，對觀看者來說是非常吸睛又新穎的包裝方式，容易增加瀏覽量，一旦流量增加詢問度自然也就高了起來，在需求大於供給的情況下，屋主就有機會提高售價。

我有一位客戶要賣掉他的中古屋，聽了我的建議後，讓我幫他做成 3D 動畫影片，刊登在知名的售屋網上面，結果證明，有了 3D 賞屋功能，瀏覽量增加了不少，三天內就已經有 1,000 多人瀏覽，詢問度也很高，不到一個月房子就已經簽約賣出了，後續就是在跟屋主聯繫裝修的部分。

數款裝修方案，總有一款打動你

我通常會設計三種裝修方案，一開始會先按照屋主的意思模擬一個方案，考慮到未來買主住的需求或是有賣房打算，另外再規劃兩個方案，以前面這個案子為例，這間屋子有 30 坪左右的權狀，還有一個 5 坪的露台，所以實際使用面積有 35 坪，我配置的其中一個方案，就是規劃出「三房一衛一廳＋一個露台」，主要用於自住；另一個方案則規劃出「四房一廳一衛」，隔出的四間房就能當套房出租。同時我也會把設計圖與現場照片放在一起，利用 3D 動畫模擬出裝修後的效果，與現在的屋況做對照，客戶就能明顯感受到改造前後的差異。

圖 10 製作 3D 動畫刊登在售屋網上

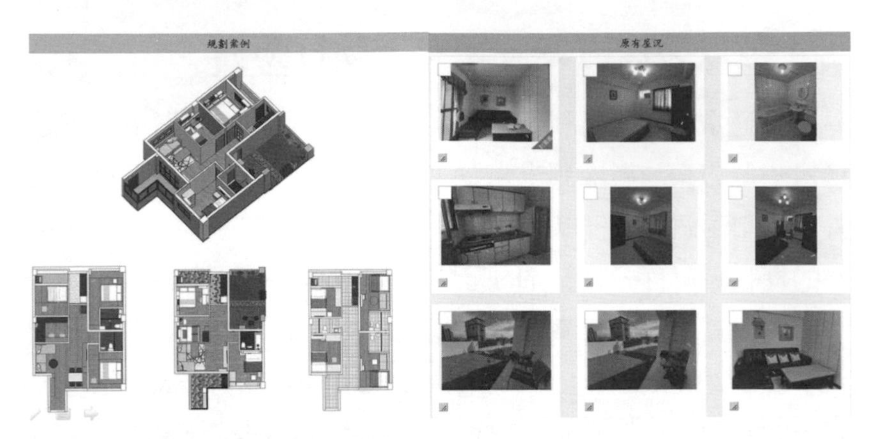

圖 11　設計圖與原有屋況的對比

假設買主喜歡其中一款裝修方案，就可以直接把裝修費用含進房屋貸款裡面，也就是說，如果有打算申請購屋貸款的人，裝潢費可以一起算進去，就可以提高貸款額度，對買主來說，可以減低不少資金壓力，因為一般人在買房子時，經常忘了考慮裝潢費，導致買了房子之後因為沒有餘錢裝潢，遲遲無法入住。另外，因為設計圖也有了，不用在額外花錢請人設計，發包的話也可以直接找繪製的廠商，可以說是一舉數得。

屋主、買主、仲介及繪製廠商四方共贏

從這個案例就可以看出，屋主、買主、仲介與 3D 繪製廠商四方都有得到好處，屋主順利賣了房，買主可以知道未來如何規劃、直接使用裝修方案，3D 繪製廠商接到了屋主的委託案件以及後續買主的裝修工程，仲介得到了瀏覽量，流量提高了詢

問度，成交機率也就跟著提升，這結果讓四方人馬一起獲利，達到共贏的局面。

在這網路信息發達、資訊爆炸的時代，只要能夠脫穎而出、受到關注，對推進目標是非常有幫助的，沒有人看一切都只是空談，3D 動畫行銷不動產，再搭上網路無遠弗屆的傳播力量，是現下還很少見的包裝方式，所以很容易就能讓人印象深刻並願意分享出去，3D 動畫出現已經有一段時間，給人的印象都是用在遊戲、特效或電影上，因而很少人會想到把這項技術運用到行銷上，尤其是八竿子打不著的房地產業上，我其實也只是剛好遇到一個契機，讓我產生了將這兩者結合在一起的想法，沒想到推出後效果出其得好，所以一些我們習以為常的概念換個角度去看，或許會有意想不到的效果，慣性思維只會扼殺我們的創意！

第 8 篇

危老重建流程全攻略

8-1 什麼條件可以申請危老重建？

8-2 老屋重建計畫申請有 SOP 嗎？

8-3 危老重建有哪些容積獎勵？

8-4 除容積獎勵外還有什麼獎勵？

8-5 危老重建容易遇到哪些問題？

作者介紹

陳志德 土木技師

現職

* 柏旭工程顧問有限公司負責人
* 危老重建工地擔任特別監督人
* 創世紀不動產教育訓練中心資深學員
* 台北市建築經營管理協會理事
* 台北市＆新北市危老推動師

業務範圍

* 結構設計
* 營造施工
* 室內設計及裝修
* 耐震初評、詳評
* 工程鑑定（現況、安全、鄰損及修復、漏水、工程糾紛等）

柏旭工程顧問有限公司

Mail：der006954@gmail.com

地址：新北市淡水區中正東路一段
3 巷 14 弄 17 號 9 樓之 2

洽詢專線：0932-302-941

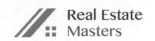

8-1 什麼條件可以申請危老重建？

台灣危老改建上路已經一段時間了，雖然沒有都更來得久，卻一直倍受重視，原因很簡單，台灣目前很多房子都很老舊，又位在地震帶上，在歷經了 921 大地震、台南維冠大樓倒塌事件、2018 年花蓮統帥飯店倒塌、「雲門翠堤」大樓嚴重傾斜以及 2022 年全台多起有感餘震等多個驚心動魄的瞬間，讓大家重新審視房子結構的重要性，政府也歷經多次建築法規、耐震設計規範之修改，就是為了建立一個人民可以安身立命的安全處所。此外，比起都更，危老門檻也較低，只要經 100% 所有權人同意，不論基地大小都可興建，1 戶也可以申請，還能有額外的容積獎勵，這也造就了新的商機，在這麼多利多的情況下，危老議題熱度當然居高不下。

危老是很熱的議題，很多建商在意的是危老商機與未來趨勢，然而身為土木技師，最重視的其實是結構安全，所以這個章節就從法律層面、建築結構以及重建流程等角度切入，帶大家熟悉《危老條例》相關細節，多一分了解也就多一層保障，往後自家若有機會危老改建時，也不用被建商牽著鼻子走！

從都更到危老的政策轉變

很多人覺得自己的家越住毛病越多，不是管線老化就是屋頂漏水，不是牆壁剝落就是鋼筋外露，越住心裡越慌，不知哪天天災來臨，自己的家就是下一個重災區！

以往房子要改建不是依賴公辦都更就是與建商協商合建，合建就是由地主提供土地，建商提供資金並協助重建，雙方合作開發，完工後雙方再依照約定比例分配房屋或應有權利，分配的方式主要有「合建分屋」、「合建分售」、「合建分成」與「委託興建」四種。危老重建和都更最主要的差異在於同意比例，前者需要全部地主的同意，後者只要 80% 的同意比例就能進行，很多建商在開發初期都會先用「合建」的方式跟地主談，但地主意見整合不易，所以整合後期都會轉為「都更」的形式。

從建商的角度來看，都更除了同意比例門檻較低外，還有其他優勢，包含政府可以代為執行拆除工作、稅負有優惠及減免、可以破除「買賣不破租賃」的法律問題，以及容積獎勵，可以說都更是政府為了促進都市發展所推動的政策，所以會祭出很多誘因來鼓勵民間自發地進行都更，但是即便都更好處再多，也有很多限制，比如必須要在政府劃定的範圍內，如果不在政府劃定的範圍內，還是可以向主管機關申請自行劃定，不過要先評估自家土地是否符合政府規定的條件，以及基地面積是否達到 500 ㎡以上，要達到這些條件就足以讓很多人鎩羽而歸了，因為要滿足基地面積門檻內的住戶更多，整合時間就更加漫長了！

為了加速推動老舊危險的建築物之更新，政府推出了危老重建條例，危老重建比較像是防災型都更，除了能縮短整合時間，與都更最大的不同就在於基地面積不再有所限制，只要合乎危老條例對危險及老舊建物定義的其中一項，一戶也能申請，但是受惠程度也沒有都更那麼高就是了！

申請危老重建的資格

依據《危老條例》第 3 條第 1 項之規定，如果建築物位於都市計畫範圍中，且非主管機關指定具有歷史、藝術、文化或其他紀念價值者，並符合以下其中一項的合法建築物，就適用《危老條例》，有申請危老重建的資格：

1. 經建築主管機關依據建築法規、災害防救法規通知限期補強或拆除者。
2. 經結構安全性能評估初步評估結果為「未達乙級」者。評估結果分成三個等級，分別為甲級、乙級和未達最低等級，甲級的危險係數 R 最低，也就是最安全，如果評估分數危險值 R 大於 45 以上，就可以申請重建。
3. 30 年以上屋齡，有電梯，結構安全性能評估結果為「乙級」，且詳細評估結果為「補強所需經費超過重建成本 1/2」者。
4. 30 年以上屋齡，無電梯，結構安全性能評估結果為「乙級」者。

初步評估

從申請資格就可以看出，危老主要是以建物的結構安全與耐震能力來評估是否需要拆除重建，因此危老屋的判定，都需要進行「結構安全性能評估」，可以理解成是替房子做健康檢查，屋主可以委託技師公會到府評估建築的耐震程度，評估又分為「初步評估」和「詳細評估」兩個階段，初評階段會初步判定建築的安全等級，甲級表示安全，乙級表示有安全疑慮，未達乙級者則是危險建築。若是有電梯的大樓被判定為「乙級」者，則需要進一步「詳評」；判定為「未達最低等級」者，則可逕行申請重建。

初評就是以「目視」的方式對建築物內部及外觀進行檢視診斷，並調閱原結構設計資料對建築結構設計各項指標進行定性、定量分析並取權重評分，以評定其耐震能力，評估出來的結果就是危險度總評分 R 或評估分數。而詳評則是除了對於建物結構設計的各種指標包含載重、構件尺寸等，並須在現場掃描探測鋼筋配置及混凝土鑽心取樣至實驗室測試分析材料抗壓強度，以便進行非線性建模側推分析評定該建物的耐震能力。

表 1　初評結果

<table>
<tr><th>構造形式
評估等級</th><th>鋼筋混凝土構造及加強磚造建築物</th><th>鋼構造與輕鋼構建築物</th><th>木構造建築物</th><th>磚構造建築物</th></tr>
<tr><td rowspan="2">甲級</td><td colspan="4">・安全，尚無疑慮，表示房子符合現行耐震規定，暫無須補強或重建。</td></tr>
<tr><td colspan="2">危險度總評估分數 R ≦ 30</td><td colspan="2">評估分數≧ 70</td></tr>
<tr><td rowspan="2">乙級</td><td colspan="4">・尚有疑慮，屋齡 30 年以上、無電梯之建物，可申請危老重建。
・尚有疑慮，屋齡 30 年以上、且有電梯之建物，需進一步詳評，如經確認改善不具效益者，方可申請拆除重建。</td></tr>
<tr><td colspan="2">30 ＜危險度總評估分數 R ≦ 45</td><td colspan="2">70 ＞評估分數≧ 55</td></tr>
<tr><td rowspan="2">未達乙級</td><td colspan="4">・可逕行申請重建。</td></tr>
<tr><td colspan="2">危險度總評估分數＞ 45</td><td colspan="2">評估分數＜ 55</td></tr>
</table>

補助辦法

評估機構

內政部營建署網站首頁的「危老重建專區」中，有列出在辦理危險及老舊建物結構安全性能評估的合作機構名單，目前共有 30 家，雖然這些機構辦理結構安全性能評估需要收費，但是政府會補助，每家機構的初評與詳評收費標準都有公告，事後可以向主管機關申請補助費用，但要檢具以下這四種文件：

1. 申請書
2. 初評或詳評報告書

3. 審查機構審查通過之證明文件
4. 評估機構或審查機構開立予申請人之統一發票或收據正本

申請文件注意事項

關於申請文件的部分，後面三樣文件都是評估機構或是審查機構開立的文件，但重點在申請書，雖然叫作申請書，不過需要檢具相關的文件，除了房子所有權狀的謄本以及超過全體住戶 50% 的同意書外，申請重建計畫時須要全體住戶 100% 的同意書，還須行文給當地政府文化局，獲得房子並非歷史建物或具有文化資產的回文才算完成申請書的部分。如果覺得跑流程很麻煩，其實也能委託建築師公會、土木技師公會或結構技師公會等評估機構代為申請，除了前面這些繁瑣細項要處理外，若遇到沒有使用執照的狀況，建築師也能幫你申請合法房屋之認定，不過都要收費，就看你要省事請別人幫你申請還是自己申請了。

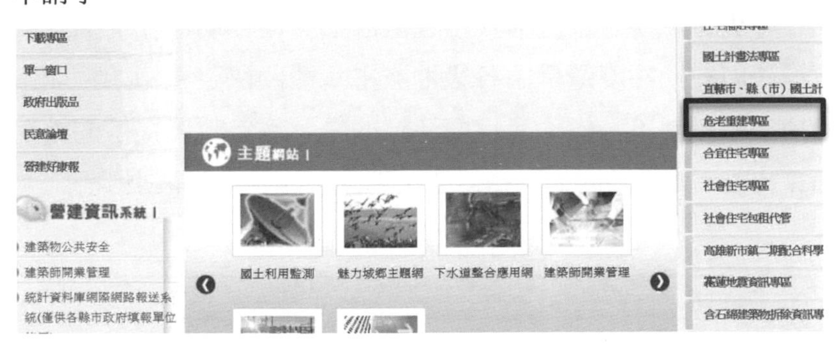

圖 1　內政部營建署網站的「危老重建專區」

補助額度

根據各公會公告的收費標準，平均一棟房屋的初評費用落在2萬元左右，詳評則需要至少40萬元以上，也是一筆不小的負擔，所以政府推出評估費用補助辦法，根據《中央主管機關補助結構安全性能評估費用辦法》，對於結構安全性能評估費用補助額度的規定如下：

1. 耐震能力初步評估：依評估費用補助。但總樓地板面積未達三千平方公尺者，每棟補助額度不超過新台幣一萬二千元；總樓地板面積三千平方公尺以上者，每棟補助額度不超過新台幣一萬五千元。
2. 耐震能力詳細評估：依內政部營建署代辦建築物耐震能力詳細評估工作共同供應契約（簡約）標價清單之評估費用。但每棟補助額度不超過評估費用之百分之三十或新台幣四十萬元為限。

中央雖然規定了結構安全性能評估費用補助額度，但其申請辦法與補助額度還是由各級地方主管機關決定。例如台北市的補助額度就不一樣，而且要注意的是，每年政府提撥的補助預算有限，要申請的人動作得快，否則只能等來年再來申請。

表2　台北市的危老評估補助額度

補助項目	補助額度
初步評估	樓地板面積未達3,000㎡者，每棟6,000元。
	樓地板面積3,000㎡以上者，每棟8,000元。
詳細評估	每棟不超過評估費用之30%，且不逾40萬元。

審查機構審查費用	初步評估結果未達乙級，經檢附審查機構審查通過之證明文件者，每棟 6,000 元。
	每棟不超過詳細評估費用 15%，且不逾 20 萬元。

無法申請補助的兩種情況

在準備申請書的時候其實就有提到，要改建的老屋不能具有歷史、文化、藝術或紀念價值，也就是不能是歷史古蹟或是具有保存意義的建築，如果建照執照法規適用日是在民國 88 年 12 月 29 日以後之建築物，也無法得到補助！

即便乙級也不代表不能重建

屋齡在 30 年以上，有電梯，結構安全性能評估結果為「乙級」者，需要經過耐震詳細評估後才能決定是否重建，通常這裡會有兩種結果，一種是補強就能解決結構性問題，那就沒必要整體拆除重建，但如果補強的費用太高，超過了一半的重建成本的話，失去了補強的效益，那就可以選擇拆除重建，所以評估後沒有達到分數不是不能重建，只是要經過後續的評估。

耐震詳細評估

平均來說，耐震詳評費用大多在 40 ～ 50 萬元，視情況有可能再往上加，因為主要看樓地板面積，面積越大，要試驗分析的工作量就越多，收費當然就比耐震初評來得高，很難有一個基準讓大家參考，加上每家公會的收費標準都不太一樣，所以先貨比三家，再決定要請哪家公會幫你評估。

危老屋初步評估流程

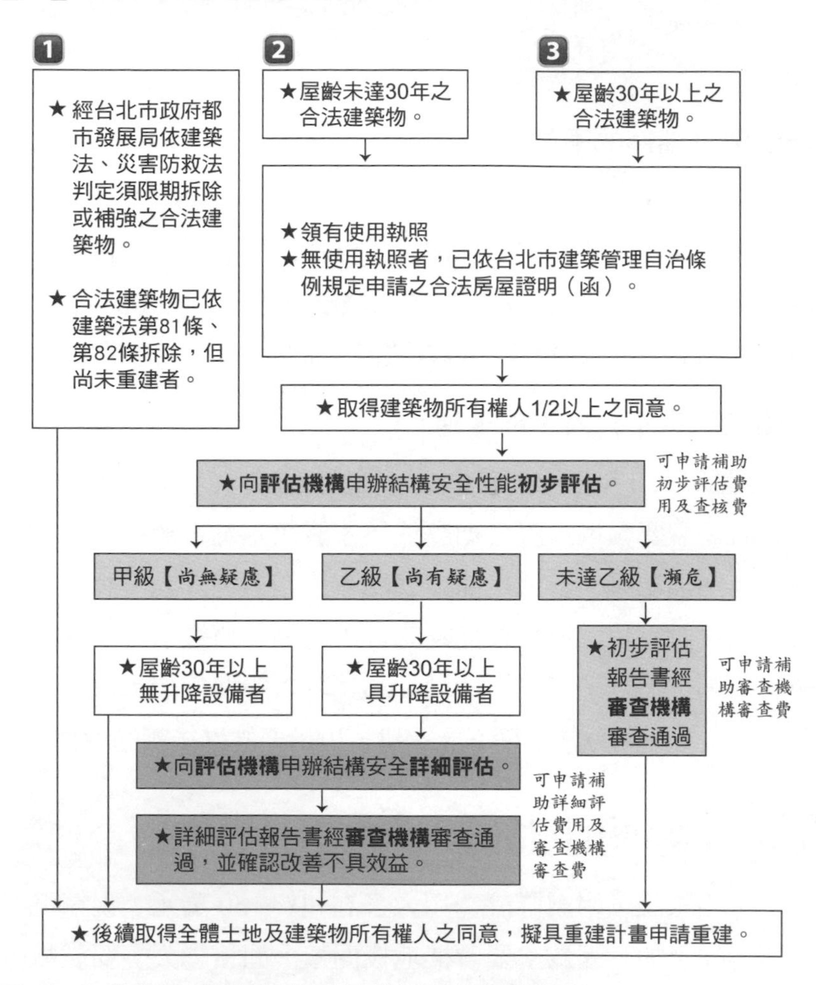

圖 2　台北市危老建築結構安全性能評估作業程序

資料來源：台北市建築管理工程處

8-2 老屋重建計畫申請有 SOP 嗎？

當確定房子可以危老重建時，接下來就可以開始動工了嗎？先別急，動工前還有幾件事要做，像是請建築師幫你擬具重建計畫，重建計畫不像前面提到的補助申請書那麼簡單，裡面涉及到許多面向，包含建築物配置及設計圖以及能申請到哪些容積獎勵等等，完成重建計畫後，申請人必須連同其他相關文件向主管機關提出申請核准重建，待通過審核並取得建照後方能動工。申請重建的流程也是危老議題很重要的一環，除了有大家都很在意的容積獎勵申請外，也涉及到了重建成本，不論你是建商還是屋主，都有必要深入了解，才能取得最符合效益與預期的結果！

危老重建申請流程

當房子一旦確定可以危老重建，那申請人就需要擬具重建計畫書，因為每個地方的規定略有不同，這裡就以台北市為例，需檢附重建計畫及以下文件，再向台北市建築管理工程處（建照科）提出重建申請：

1. 申請書
2. 合法建築物之證明文件

3. 經市政府文化局確認非屬古蹟、歷史建築或其他應予保存之建物證明
4. 經判定符合危險或老舊建築物需拆除重建之結構安全性能評估報告書及相關證明
5. 重建計畫範圍內土地及建物登記謄本
6. 全體土地及建築物所有權人同意書
7. 申請容積獎勵應取得之證明文件切結書及協議書
8. 其他經都市發展局指定之文件

大部分的文件建築師都能幫你處理，要說最困難的地方就在於如何取得所有權人 100% 同意書，就像其他任何開發形式都會遇到的問題一樣，住戶的意見整合非常不容易，加上取得的容積獎勵又該如何分配，都會激起住戶之間的矛盾，這往往也是政策推動最窒礙難行之處，所以要想順利推動危老重建，住戶的團結最為重要，也才能在容積獎勵期間完成申請，讓全體的效益最大化！

危老重建申請期限

台灣目前最大的困境是 30 年以上的老屋林立，其中有 40% 是需要進行補強或是拆除重建的危老建築，十年後數字更可能來到 640 萬戶，為加速都市計畫範圍內危險及老舊瀕危建築物之重建、改善居住環境、提升建築安全與民眾生活品質，內政部於 106 年頒布了《都市危險及老舊建築物加速重建條例》，

也就是所謂的《危老條例》，為了加速重建速度，除了祭出容積獎勵與稅捐減免等好康之外，危老重建流程更是簡化了許多，用文件審核制取代委員會制度，申請門檻也調低，但限制了申請期限，只開放到民國 116 年 5 月 31 日為止，就是希望屋齡將屆 30 年或有考慮要重新改建的人可以趁早把握機會。

建造執照申請期限

重建計畫申請核可通過後，就可以開始申請建造執照，通常大概需要半年至 1 年的時間建照才會核發下來，這裡要請大家注意，在重建計畫核准後的隔天開始起算，必須要在 180 天內去申請建造執照，如果未在期限內申請者，原本已經核准通過的重建計畫就會失去核准效力。不過還是可以向主管機關提出申請，經主管機關同意者，得以延長一次，期限以180天為限。

危老重建計畫流程

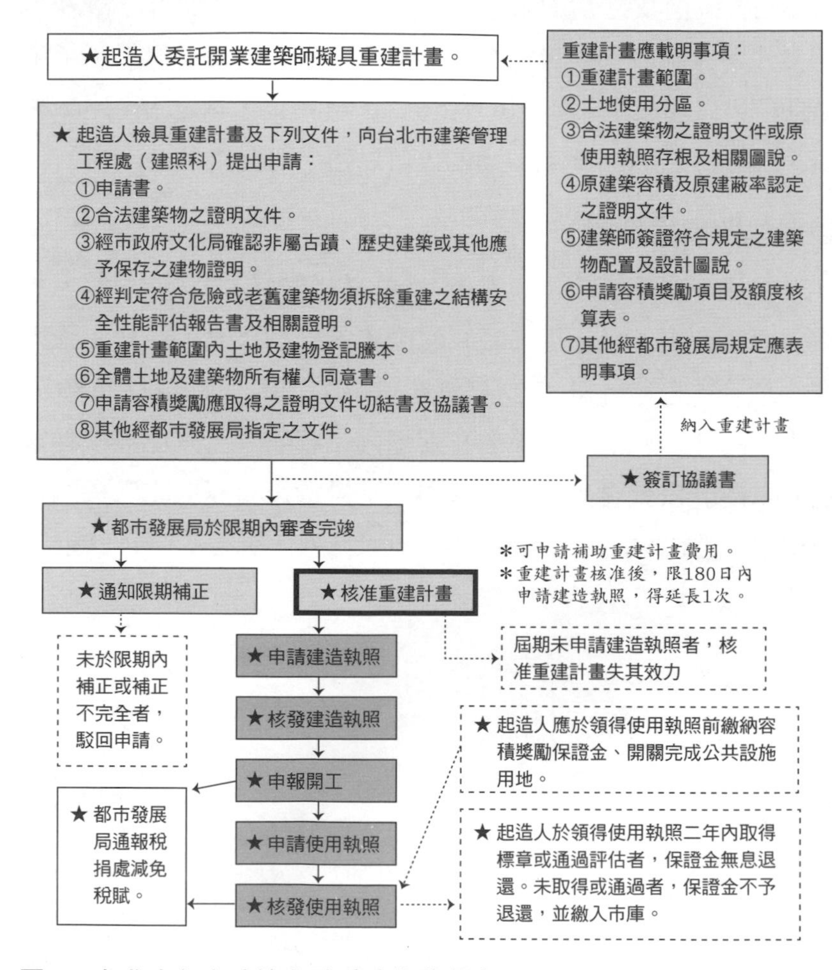

★起造人委託開業建築師擬具重建計畫。
重建計畫應載明事項：
①重建計畫範圍。
②土地使用分區。
③合法建築物之證明文件或原使用執照存根及相關圖說。
④原建築容積及原建蔽率認定之證明文件。
⑤建築師簽證符合規定之建築物配置及設計圖說。
⑥申請容積獎勵項目及額度核算表。
⑦其他經都市發展局規定應表明事項。
★起造人檢具重建計畫及下列文件，向台北市建築管理工程處（建照科）提出申請：
①申請書。
②合法建築物之證明文件。
③經市政府文化局確認非屬古蹟、歷史建築或其他應予保存之建物證明。
④經判定符合危險或老舊建築物須拆除重建之結構安全性能評估報告書及相關證明。
⑤重建計畫範圍內土地及建物登記謄本。
⑥全體土地及建築物所有權人同意書。
⑦申請容積獎勵應取得之證明文件切結書及協議書。
⑧其他經都市發展局指定之文件。
納入重建計畫
★簽訂協議書
★都市發展局於限期內審查完竣
*可申請補助重建計畫費用。
*重建計畫核准後，限180日內申請建造執照，得延長1次。
★通知限期補正
★核准重建計畫
未於限期內補正或補正不完全者，駁回申請。
★申請建造執照
屆期未申請建造執照者，核准重建計畫失其效力
★核發建造執照
★起造人應於領得使用執照前繳納容積獎勵保證金、開闢完成公共設施用地。
★申報開工
★都市發展局通報稅捐處減免稅賦。
★申請使用執照
★起造人於領得使用執照二年內取得標章或通過評估者，保證金無息退還。未取得或通過者，保證金不予退還，並繳入市庫。
★核發使用執照

圖 3　台北市危老建築申請重建作業程序

資料來源：台北市建築管理工程處

8-3 危老重建有哪些容積獎勵？

為了能讓危老政策有效推行，政府制訂了四大獎勵機制，包含容積獎勵、放寬建蔽率及高度管制、稅捐減免以及重建計畫補助，其中最倍受關注的就屬高額度的容積獎勵了，容積率增加表示可興建面積增加，原本一棟 5 樓的房子，改建後可以蓋到 10 樓，單戶居住空間或許沒變大，但房子結構變安全了，生活品質也提升了好幾個層次，價值也提高了，是不是很令人心動？接下來我們就來看看政府為了危老重建提出了哪些容積獎勵，以及這些獎勵有什麼限制條件，有沒有辦法能全部拿下？

建蔽率與容積率

提到危老就會想到容積獎勵，那就不得不提容積率與建蔽率這兩者的關係，之後也會不斷提到這些名詞，所以在這裡簡單解釋一下兩者的意思。

建蔽率，指的是可以興建的一樓建築面積與基地面積的比率，比如 100 坪的基地可以蓋 60 坪，建蔽率就是 60 /100×100% ＝ 60%，若建蔽率為 60%，表示法定上限為 60%，興建面積可以是 30%、40%、50%，但最多不能超過 60%。

容積率，指的是各樓層樓地板面積總合與基地面積的比率，一塊 100 坪的基地，假如容積率為 300%，表示可以蓋 100×300% ＝ 300 坪的建築面積。若容積率為 300%，表示法定上限就只有 300%，只要在不超過建蔽率與容積率上限的情況下，房子想要往上蓋或是橫向發展都可以。

容積率與建蔽率都是明文已經規定好的，只能少不能超過，要蓋房子就需要知道建蔽率與容積率是多少，才能算出能蓋多少坪或蓋幾層樓，這都是建築師在負責重建計畫時必須考慮與確認清楚的地方，因為最後也可能發生容積用不完的問題，這就太可惜了！

危老重建的各種容積獎勵

《危老條例》推出的前三年，符合條件者可以將容積提升 30% 外，還有一個 10% 的時程獎勵，最高可以獲得共 40% 的容積獎勵，原本時程獎勵只到 109 年 5 月就結束，為了鼓勵擴大危老重建規模，政府修法將時程獎勵修正為 5%，並以每年 1 個百分點的方式逐年遞減，直到歸零為止；此外也新增規模獎勵，規模越大獎勵越多，最高有 10%。這裡就幫大家彙整了目前能申請到的危老容積獎勵項目與獎勵額度，也在此呼籲大家，除了時程獎勵會在 114 年 5 月 9 日歸零外，危老重建計畫的申請期限也會在 116 年 5 月 31 日截止，所以有計畫改建的人，務必要把握機會，以免錯過這麼多的獎勵！

表 3 《危老條例》修正後的容積獎勵

危老容積獎勵項目	容積獎勵值
無障礙環境	3 ～ 5%
協助取得開闢公設	5%
時程獎勵	0 ～ 5%
符合危險及老舊建物	6 ～ 10%
退縮建築	8 ～ 10%
建築物耐震設計	2 ～ 10%
原容積大於基準容積	10%
智慧建築	2% ～ 10%
綠建築等級	2% ～ 10%
規模獎勵	2% ～ 10%

容積獎勵額度的判斷

為什麼有些項目的獎勵值不是固定的？那是因為這些項目會依照取得的標章或是評估的等級而有落差，像是綠建築設計的等級就分成鑽石級、黃金級、銀級、銅級與合格級，依建築對環境的維護程度來評定等級，等級由最高到最低分別能取得 10%、8%、6%、4%、2% 的容積獎勵。其他項目的獎勵額度都寫在《都市危險及老舊建築物建築容積獎勵辦法》上，有興趣的朋友可以自己上網查詢，這裡就不一一列舉了。

雖然有這麼多項容積獎勵，但並非每個基地都適合所有獎勵，假如基地面積不大或是新屋售價不高，為了取得耐震標章或是綠建築標章，可能就不太符合經濟效益了，所以就需依賴建築師依基地屬性以及住戶意見來制定重建計畫，爭取適合的容積獎勵項目，實際上能拿到 30% 容積獎勵的案例也不多！

三種最高容積獎勵上限

申請危老屋重建的容積獎勵其實是有上限的，根據《危老條例》的規定，最高只能到基準容積的 1.3 倍或原建築容積的 1.15 倍，除去時程獎勵與規模獎勵，其他獎勵項目依照各項標章或評估的等級不同，分別可以獲得 2% ～ 10% 不等的容積獎勵，總合上限為 30%，規模與時程獎勵合計最高有 10% 的基準容積，兩者相加後，最高就能得到 1.4 倍的容積獎勵，也就是原本 100 坪的房子，改建後可以蓋到 140 坪！

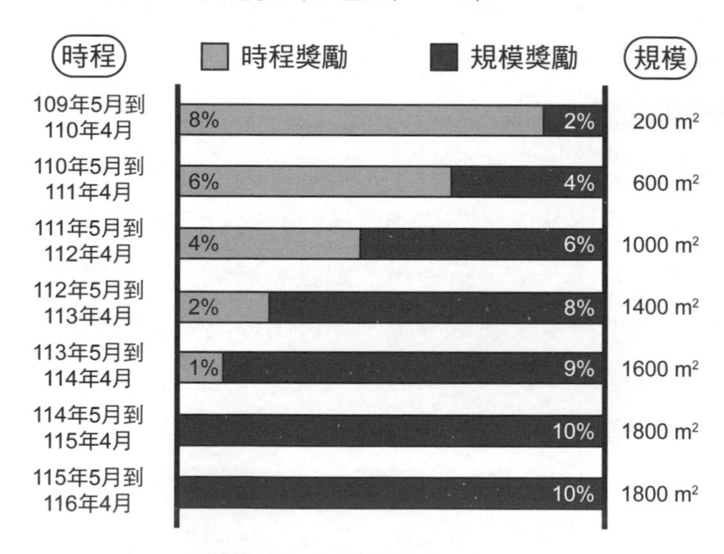

圖 4　時程＋規模獎勵上限不超過 10%

這就牽扯出一個問題，究竟是要以 1.3 倍的基準容積還是 1.15 倍的原建築容積來計算，兩者又有何區別呢？有一個簡單的判斷標準，就是原本房子的建築容積（原容積）超過原本的法定容積標準時，就採用「1.15 倍的原建築容積」；反之，則適用「1.3 倍的基準容積」！

原本法定只有「1.15 倍的原建築容積」與「1.3 倍的基準容積」這兩種上限，因為修法後延長了時程獎勵並新增規模獎勵，因此這兩項獎勵並不含括在原先上限的統計範疇中，屬於新增的額外獎勵，故又延伸出第三種上限，為讓讀者便於了解，統整如下：

表 4　3 種最高容積獎勵上限

獎勵上限	條件
原建築容積的 1.15 倍	原建築容積＞基準容積
基準容積的 1.3 倍	原建築容積≦基準容積
基準容積的 1.4 倍	原建築容積≦基準容積，且申請規模與時程獎勵（合計最高 10%）

基地不到 200 ㎡也有 2% 容積獎勵

政府在推規模獎勵時，是希望能擴大重建規模，所以有設定最小基地面積要達 200 ㎡，但如果基地未達 200 ㎡（約 60.5 坪）也沒關係，只要鄰接建物的屋齡未超過 30 年，也有 2% 的容積獎勵，就是要照顧這些小面積的危老戶，讓他們也有更新的動力，避免產生漏網之魚。

除容積獎勵外還有什麼獎勵？

在了解危老重建最重要的容積獎勵之後，別忘了政府還有放寬建蔽率與建築高度管制、減免稅捐以及費用補助這些獎勵機制，雖然沒有容積獎勵那麼大補，卻也能幫我們的荷包回回血，你說你要不要了解一下？

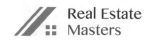

放寬建蔽率與建築高度管制

放寬建蔽率

前面在談容積獎勵時，有提到建蔽率與容積率這兩個概念，建蔽率就是一樓建築面積占基地面積的比率，建蔽率越大，表示一樓可以興建的面積越大，但也代表預留給公共空間、道路可退縮空間就被壓縮了，因為每塊土地都有不同的使用類別、地質地形與道路寬度，所以會依各自情況設定不同的建蔽率，用來保持居住上的舒適性、隱密性並維持市容。如果政府沒有規定建蔽率，為了追求效益最大化，建商一定會把基地蓋好蓋滿，如此一來，居住品質就會下降，因為樓與樓間距離過近，隱私、採光和通風都受到影響，沒有公共空間，行人通行都只能經過別人家的後院等等，不但住起來不舒服，也容易出現安全隱患。

政府為了鼓勵民眾盡量參與危老重建，放寬建蔽率的限制，民眾因此設計上有更多選擇，也更容易把容積獎勵用完，不過有幾點限制要提醒大家：

一、放寬的建蔽率僅限於住宅區的基地，其他類型的使用分區不能使用

二、實際建蔽率要依各縣市的主管機關來決定

三、放寬的建蔽率不能超過原建蔽率

以台北市為例，將法定建蔽率與放寬後的建蔽率放一起給大家對照：

表 5　台北市現行建蔽率與危老重建放寬之建蔽率對照

現行規定		放寬後的建蔽率	
使用分區	法定建蔽率	建築基地面積≦500㎡	建築基地面積≧500㎡
住一區	30%	不放寬，維持 30%	
住二、二之一、二之二區	35%	50%	40%
住三、三之一、三之二區	45%	60%	50%
住四、住四之一區	50%	60%	50%

從上表所列的建蔽率可以看出，住一區的建蔽率最少，也不放寬建蔽率，是因為住一區是所有住宅區中人口密度或是建築密度最低的，用以維護最高的居住環境水準。住四區則會有

輕工業入駐，只維持最基本的實質居住環境，是四者中居住品質最低的使用分區。住三有較高的人口密度，所以對於住宅的需求很大，一般危老重建的需求也都落在住三這裡。

放寬建築高度

住宅區也會限制建築高度，目的在於控制居住密度並確保居住空間採光，建築高度跟基地的使用分區與鄰接道路的大小有關，如果臨接的道路寬度較窄，因為高度比的關係導致建築高度也會比較矮，如果直接蓋，容積無法用完，最好的方式就是依高度比退縮到一定深度再蓋。還有一種是較高的樓層逐漸出現斜度，以避開高度比，這種退縮方式前院稱作高度比、後院就叫深度比，每個使用分區的規定都不一樣，建築高度的放寬原則由各地方主管機關自行決定。

表 6　台北市現行高度比與放寬高度比對照

<table>
<tr><th>使用分區</th><th>現行高度比</th><th>放寬高度比</th></tr>
<tr><td>住宅區</td><td>不超過 1.5</td><td rowspan="6">●建築高度比不得超過 2.5 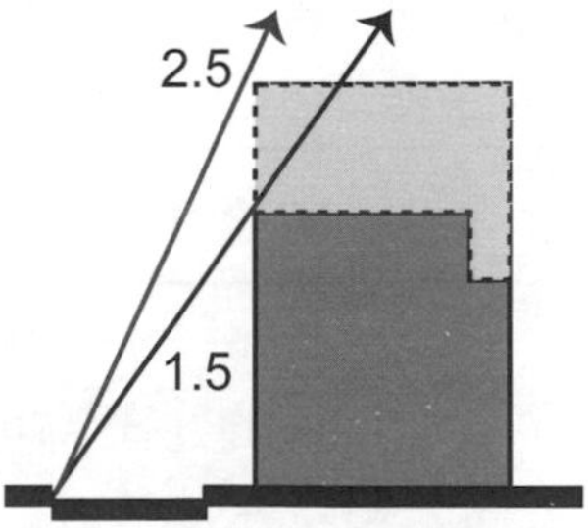
2.5
1.5</td></tr>
<tr><td>商業區</td><td>不超過 2.0</td></tr>
<tr><td>工業區</td><td rowspan="3">不超過 1.8</td></tr>
<tr><td>行政區</td></tr>
<tr><td>文教區</td></tr>
<tr><td>風景區</td><td>不超過 1.0</td></tr>
</table>

表 7　台北市現行高度限制與放寬高度對照

使用分區	現行高度限制	放寬後的高度
住一區	10.5 公尺，三層樓	維持 10.5 公尺，樓層不限，但原建築物高度超過 10.5 公尺者，重建後的建築物高度得以原建築物高度為限。
住二區	17.5 公尺，五層樓	放寬至 21 公尺，樓層不限，但原建築物高度超過 21 公尺者，重建後的建築物高度得以原建築物高度為限。

表 8　台北市現行後院深度比與放寬後深度比對照

使用分區	現行後院深度比	放寬後的深度比
住一區	0.6	●自建築基地後面基地線之深度 3 公尺範圍內，不得小於該區後院深度比規定；超過範圍部分不受限制。
住二區	0.4	
住三區	0.3	
住四區	0.25	
商業區	無	
其他區	0.3 或 0.6	

3m

以上資料來源：台北市建築管理工程處

以上是台北市對於危老重建建築高度的放寬規定，當然放寬標準每個地方政府都不一樣，像苗栗縣政府就是維持原法定建蔽率，但對於建築物高度極度放寬，只要沒有受飛航安全管制限制高度，就可不受建築法令及都市計畫法令的限制，換言之，就是鼓勵民眾往上蓋房子，而不是增加建築面積！

查詢使用分區

台灣的土地分為都市土地與非都市土地兩種，《危老條例》針對的就是都市計畫內老舊建物的更新，所以要危老的先決條件就是你的房子要位在都市計畫內。

都市土地又依使用目的分為住宅區、商業區、工業區、行政區等 10 種土地類別，稱為使用分區，每一種使用分區的建蔽率跟容積率，各地方的規定都不一樣，由於建蔽率跟容積率與危老重建計畫息息相關，所以我們要知道如何查詢。我們先查詢使用分區，只要上網搜索「全國土地使用分區查詢系統」或掃描右方 QR code，就能直接進入查詢系統。點開頁面後叫出左方「系統功能」菜單，根據指示輸入地址，點擊旁邊的定位圖示，地圖就會拉近至指定位置。接著點擊上方功能列的「查詢」，用滑鼠點擊地圖上任一位置，就會開啟該地點的使用分區。

網頁連結

接著再進入各縣市政府的都市計畫查詢系統，查詢該土地類別的建蔽率跟容積率。以台北市為例，需要參考都市計畫書或是細則查詢，而台中市及新竹市可以直接使用分區線上查詢。

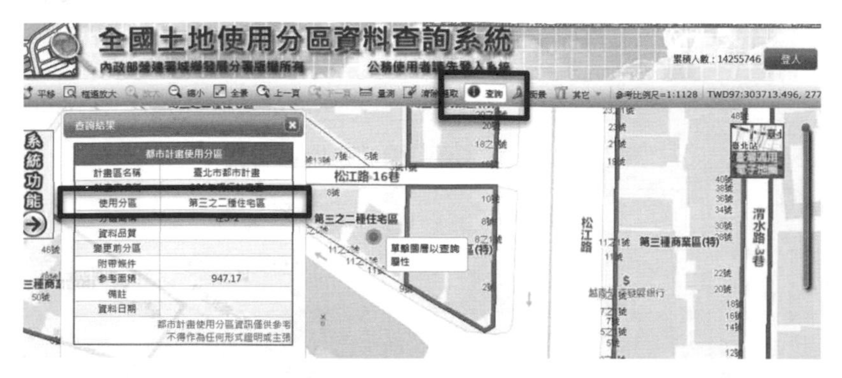

圖 5　全國土地使用分區查詢系統查詢頁面

稅捐減免獎勵

房子重建過程中，住戶無法住在原本的家裡，只能暫時搬到別處居住，除了建築成本外還要額外負擔在外租屋或衍生的費用，而且土地也暫時無法使用，在種種不便下，政府也在稅賦方面給予減免，希望盡可能減輕重建戶的負擔！

原本規定稅捐減免的申請要在《危老條例》發布後的 5 年內申請，也就是在 111 年 5 月 9 日前提出，但為了持續推動全國危險及老舊建築物加速重建，行政院延長了稅捐減免優惠申請年限，從 111 年 5 月 12 日起延長至 116 年 5 月 11 日止，只要在這期限內申請的重建計畫，符合一定要件者就能享有地價稅及房屋稅減免優惠。由於重建期間土地無法使用，所以免徵地價稅，重建完成後地價稅及房屋稅可享兩年減半優惠。如果重建後房子沒有轉移，且所有權人是自然人的情況下，當兩年的房屋稅減半優惠期滿後，還可再延長 10 年，也就是說，重建後建物所有權兩年內沒有轉移的情況下，房屋稅減半徵收最長可達 12 年。

表 9　重建計畫稅捐減免優惠一覽

階段	稅捐優惠
重建前	免徵地價稅
重建後	地價稅與房屋稅減半徵收兩年
重建後 2 年	未移轉所有權者，房屋稅減半期間得延長最多 10 年，共計最長 12 年

為何要繳地價稅與房屋稅？

只要持有房子，每年就需要繳納房屋稅與地價稅，因為房子座落於土地上，要繳多少地價稅就依據持分大小來決定，兩者是地方政府的財政來源之一，分別在每年年中與年尾繳納，雖然不算多，但除了這些稅，在其他地方我們可能也要繳所得稅、牌照稅、燃料稅等一大堆稅，所以大家能省則省，盡量把握住不用繳稅的機會囉！

表 10　房屋稅與地價稅繳交時間

稅別	繳納時間
房屋稅	每年 11 月 1 日～11 月 30 日
地價稅	每年 5 月 1 日～5 月 31 日

重建計畫補助

為了確定住宅是否能危老重建，事先需要經過耐震評估，初評最高可以補助 15,000 元，詳評因為要試驗的項目比較多，收費比較高，所以最高能得到 40 萬元的補助。確定可以重建後，就要請專業的建築師製作重建計畫書，內容相當繁瑣，所以費用也比較高，針對重建計畫這部分，政府也給予每案最高 55,000 元的補助，但各縣市每年的申請額度有限，有些地方可能額度已經用完，有些還能夠申請，所以在申請前務必要向所在地縣市政府確認清楚。

根據新北市政府都市更新處最新公告，新北市 2023 年的重建計劃補助款有 300 萬元，申請期限到 10 月 31 日，或到經費用完為止。為了便民，現在也開放網路下載申請表，有需要的人可以掃描右方 QR code，進入新北市都更處，在左邊下拉選單中點選「危老重建專區」，就會出現最新危老重建相關資訊，其中「112 年度危老重建計畫補助 - 公告」可以知道當年度的補助額度與申請期限，如果不知道如何填寫申請表，可以參考「112 年度危老重建計畫補助 - 範本」，最後再下載「112 年度危老重建計畫補助 - 申請書」照著指示填寫即可。

網頁連結

起造人只要填寫申請書及領據 2 張表格，並附上相關資料就可提出申請。若今年來不及申請，都更處也會固定在隔年初公告受理辦法。

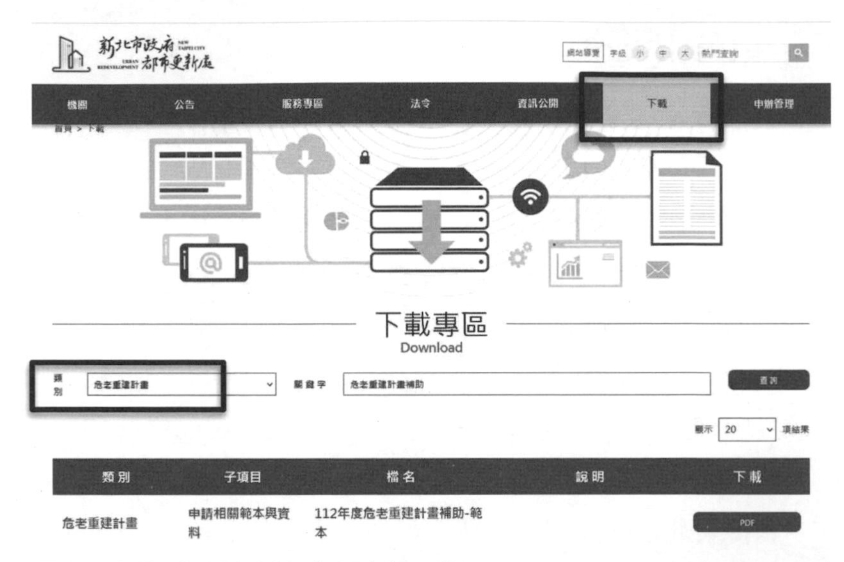

圖 6　危老重建計畫補助申請書下載區

資料來源：新北市都更處

重建工程貸款信用保證

對小老百姓而言，重建工程款項是一筆不小的負擔，往往會遇到資金不足、需要向銀行申請貸款、但又信用不足的情況，為此，政府提供了工程貸款信用保證之措施。

為了讓銀行有意願承接「危老重建」信用貸款，政府提供 100 億元額度的融資信用保證，讓銀行對那些重建融資取得困難的住戶開放貸款，協助民眾補足重建工程貸款缺口，加快重建腳步。

危老重建融資貸款申請流程

有信用保證需求的民眾只要向直轄市、縣（市）主管機關申請認定資格後，就可以向銀行申請貸款。在政府的百億融資的信用保證下，每戶最高可以申請到 3 百萬元的額度，貸款期間最多不超過 5 年，信用保證成數 9 成，保證手續年費率固定 0.3%，讓有意願進行住宅重建的民眾能有足夠經費，打造更安全的居住環境。

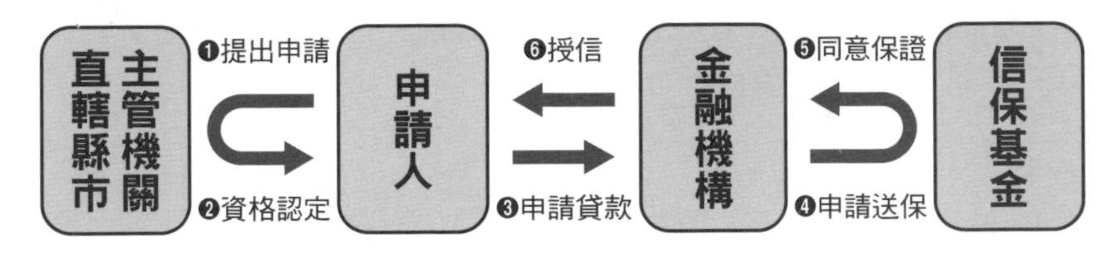

圖 7　危老重建融資貸款申請流程

資料來源：都市更新入口網「危老重建專區」

危老重建融資貸款適用對象

只要經直轄市、縣（市）主管機關認定符合以下其中一項條件者，就能獲得重建工程必要融資貸款的信用保證：

1. 經直轄市、縣（市）主管機關提供輔導協助，評估其必要資金之取得有困難者。
2. 以自然人為起造人，無營利事業機構協助取得必要資金，經各縣市主管機關認定者。
3. 各縣市主管機關評估後應優先推動重建之地區。

重建住宅貸款利息補貼

即便有政府的信用保證，順利取得融資貸款資金，但這錢之後是要還的，而且還要付貸款利息，壓力也是不小，所以政府貼心推出重建住宅貸款的利息補貼，每戶最高可以貸款 350 萬元，貸款期限不得超過 20 年，寬限期不得超過 5 年。要注意的是，只有自住的房子才可以申請，非自住或商業區都無法申請利息補貼！

依據《都市危險及老舊建築物重建住宅貸款利息補貼作業規定》，申請人必須具備以下資格：

1. 成年的中華民國國民。
2. 申請人僅持有 1 戶住宅，且位於都市危險及老舊建築物加速重建條例核准重建計畫範圍內。
3. 家庭成員無重建住宅以外的自有住宅。
4. 家庭成員最近年度綜合所得稅各類所得合計低於重建住宅所在縣市 50% 分位點家庭平均所得。

3 大獎勵與 4 大配套措施

簡言之，政府多管齊下，提出包含容積獎勵、費用補助、放寬建造條件、減免稅收、提供貸款信用保證等多面向的優惠，給予重建戶最大的協助與便利，目的就是要提升民眾重建意願，加速危老屋重建腳步，這裡幫大家概要總結一下，方便大家對照了解：

表 11　危老的 3 大獎勵與 4 大配套

類別	項目	說明
三大獎勵	容積獎勵	・最高可達基準容積的 1.3 倍或原建築容積的 1.15 倍。 ・增加「時程＋規模獎勵」，合計上限為 10%。 ・面積小於 200 ㎡，且鄰近新建物，給予 2% 獎勵。
	放寬建蔽率與建築高度	・由地方主管機關另訂標準酌予放寬。 ・建蔽率的放寬以住宅區為限，且不得超過原建蔽率。
	稅賦優惠	・重建時免徵地價稅。 ・重建後 2 年，地價稅與房屋稅減半徵收。 ・若沒有移轉，房屋稅減半再延長 10 年。
四大配套	資金補助	・耐震初評最多補助 15,000 元，詳評最多補助 40 萬元。 ・重建計畫每案補助 55,000 元。
	信用保證與利息補貼	・針對重建資金取得困難者或在優先推動重建地區等住戶，提供每戶最高 300 萬元的信用貸款保證。 ・重建住宅貸款每戶可申貸最高 350 萬元的利息補貼。
	弱勢保障	・經濟或社會弱勢者提供社會住宅或租金補貼。
	提供協助	・提供重建相關法令、融資管道及工程技術等諮詢及協助。

參考來源：台北市建築工程管理處

8-5 危老重建容易遇到哪些問題？

危老重建和都更的目的都一樣，都是想要藉由都市計畫內土地與建物的更新，促進都市發展、維護公共安全，所以兩者在本質上其實是一樣的，只是都更影響的範圍更大，程序更繁瑣，而且大多是開發商在主導，推動上因基地面積更大住戶更多以致有些窒礙難行，所以才衍生出《危老條例》，藉由降低基地面積門檻，讓有需要重建的人都可以在政府大力的協助與補助下，重建自己的小窩。有危老推動師可以諮詢、有政府背書的融資貸款、有解決貸款利息的補貼政策、有重建時在外租屋的租金補貼、還有重建前後的稅務減免等優惠，政府都幫我們想好了，那還會有什麼問題呢？其實還是有的，這裡就彙整了一些危老重建時，可能會遇到的問題，讓大家可以先做好準備，跟建築師溝通才比較有頭緒！

跟鄰居一起報團重建獎勵比較多？

要不要跟鄰居一起重建這個問題涉及到兩個概念，一是你是否擁有百分百的獨立產權，二是你的重建目的。如果你家是透天厝、獨棟這類的獨立產權，其實可以自己蓋，因為《危老條例》對於基地大小並沒有限制，不會因為土地過小就不允許重建，也不受畸零地的限制，只要100%所有權人的同意就可以，而你自己就是所有權人，不需要跟其他人協商，一個人也能進行危老重建。但如果你住的是集合住宅或是公寓，就需要至少先取得 50% 住戶的同意進行評估、然後 100% 同意才能施行改建，這時候意見的整合就非常重要，也是最大的阻力之一，有些人可能有其他考量，比如經濟因素、規劃理念不同等，就無法順利推動，所以第一要點就是看你屋子的條件。

如果報團目的是為了爭取容積獎勵，主要影響的就是規模獎勵，基地面積達 200 ㎡（約 60.5 坪）以上，容積獎勵 2%，每增加 100 ㎡（約 30.2 坪），容積獎勵再加 0.5%，但因為規定與時程獎勵合計不能超過 10%，所以規模獎勵也是有上限的，至於其他獎勵項目就跟規模沒有太大關聯。

還需要注意的是，《危老條例》有一個獎勵適用規模的規定，即要合併鄰接的建築物基地，其面積不能超過要危老的面積，計算容積獎勵時，以 1,000 ㎡為限，也就是說，鄰居土地要跟你一起重建的話，對方的面積不能比你大，若超過 1,000 ㎡，超過的部分不列入獎勵範圍內，所以即便合併的土地面積大，容積獎勵也是有適用上限的！

假設原本的危老屋 A 有 1,600 ㎡，鄰地 B 有 2,000 ㎡（圖 8 左），只有 C 是可以併入重建計畫內的範圍（圖 8 中），依據 1：1 的原則，則 C 的面積是 1,600 ㎡。

而圖 8 右可知 C ＝ E ＋ F，E 是有容積獎勵的部分，面積是 1,000 ㎡。F 雖然列入重建計畫範圍內，但無容積獎勵，面積

PART 8

是 600 ㎡，D 是無法列入重建計畫的部分，面積是 2,000 － 1,600 ＝ 400 ㎡。

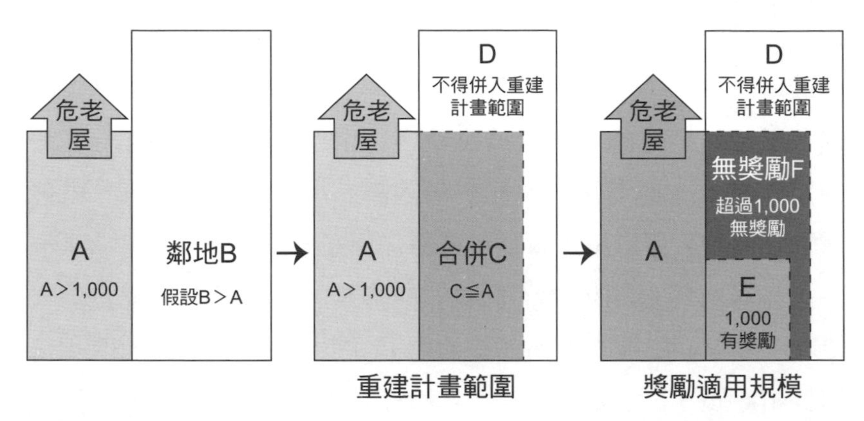

圖 8　獎勵規模示意圖

肥水不落外人田，自己辦最好？

另一個問題就是自己蓋好還是由建商蓋好，一般不想交給建商來蓋的理由就是「自己蓋的話，就不用跟建商分坪數」，因為與建商合作的情況，通常是由地主出地，建商出錢來蓋房子，最後再由出資比例，分配更新改建後的新建築物及土地，雖然不用去融資貸款、不用負擔借貸利息，屋主們普遍還是會覺得建商分走太多利益，遠超過他們投入的金額，而自己最後分到的坪數可能還小於原來的住宅，心裡就會有所盤算，自己辦的話，權益就不會損失等等，其實兩方都沒問題，這裡整合一下跟建商合作和自己辦的優缺比較，讓大家參考：

表 12　與建商合作 VS. 自己辦

與建商合作	自己辦
1. 負責出資、營造 2. 負責整合所有人意見、進行利益分配 3. 專業對口：負責跑申請流程、處理相關細節、了解現行規定 4. 不用融資貸款、負擔借貸利息 5. 進度較快 6. 信任度不足、屋主覺得會被占便宜 7. 需有一定利潤才願意蓋	1. 自主性高 2. 利潤較高、不會被分走 3. 非專業對口：不熟悉現行法規，需要花時間去了解 4. 要自己去找土木技師評估、建築師來做重建計畫書 5. 可以找自己信賴的廠商發包、施工

基地面積不受限，想怎麼蓋就怎麼蓋？

危老對於建築基地面積沒有限制，即便畸零地也能改建，原本是美意，想降低危老重建門檻，不過如今也成為了致命缺點，如果重建基地不方正、地形狹長或是過於零碎的話，空間規劃設計上會有許多執行難度，而小坪數的重建案也存在高公設比的狀況，截至 2022 年 10 月 24 日為止，台北市重建案平均公設比在 35.9%，比去年多出 0.9%，為有史以來最高紀錄，新北市則落在 33.8%。

根據統計，高公設比主要發生在面積 100 坪以下的迷你建案上，以危老重建案為大宗，有 67% 的公設比超過 40%。很多人可能會納悶，為什麼小坪數的基地公設比會這麼高？原因有二，一是戶數少，因此每戶需分攤的公設面積就變多了；二是這類建案都是危老重建案，為了維持利潤，建商需要把免計容積用到上限，公設坪數才會這麼高，也造成使用空間受到壓縮的局面。

危老建案的公設比較多，也可能因為原本是舊大樓，當時對於公設沒有太多規定，所以公設比都偏低，如今配合新的建築法規進行改建，就需要一定的公設比，才會讓人覺得有極大的落差感也說不一定。

總之，建築會隨時間變得越來越老舊，居住品質也會受到打折，最終還是要走上補強重建這一途，只要在確定重建前，先做好功課，了解會有哪些利弊，才能保護自己的權益，不讓一件美事變成一場夢魘。

橫跨三代的共居藍圖

作者介紹

劉浩然 總經理

經歷

* 法蘭鑰地產行銷有限公司總經理
* 台北市建築經營管理協會理事
* 中華民國不動產經營管理協會理事
* 從台灣跨足大陸兩岸房產銷售實戰，從一般房地產到大健康適老產業鏈，單案最高總銷 18,000 套，建案銷售策劃橫跨 43 個城市。

業務範圍

* 房地產專案投資開發
* 房地產代理銷售策劃
* 商住／特目用地項目前期規劃
* 跨代社區產品規劃
* 跨代共居生活提案
* 康養社區規劃運營

法蘭鑰地產行銷有限公司

地址：台北市大安區金山南路
二段 200 號 3 樓

諮詢專線：(02) 7752-2077

9-1 什麼是跨代共居建築？

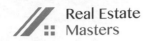

跨代共居，顧名思義就是「跨越世代共同居住」的意思，指將兩個不同年齡層的世代聚集一起共同生活，跨代共居的兩代人，其中一方通常是指有時間有資產的退休銀髮族，另一方則是還在社會打拼的社青或小家庭族群，這兩代人對居住的需求不一樣，銀髮族著重健康休閒娛樂、醫養照護等功能，青壯世代偏好帶有學區、交通、生活機能便利等特色的功能，像是 24 小時營業的超商、大型購物中心、捷運公交、速食店等，最重要的是能兼顧工作家庭以及居住成本，雖說不是天差地遠，以往卻很少有建案在規劃上能同時滿足這兩代人的需求，或是把這兩代人放在同一個空間內。然而隨著時代快速發展，人們開始意識到，跨代共居是難得共贏的建築規劃策略，它能解決高齡化與少子化帶來的衝擊，正因如此，也成為我們正在努力推動的目標。

不同世代的居住需求

跨代共居難以落實在於兩個不同世代的人，他們的經歷、需求，甚至可運用的資產都有落差，一方是擁有退休資金、能開始享受生活的族群，另一方則還在為事業為家庭打拼，每天

過得忙忙碌碌、勤勤懇懇，只希望回到舒適的小家後能立刻躺平休息，有孩子的小家庭可能就會考慮臨近學區或者托育中心，方便自己可以專心衝刺事業，更核心的問題是對於「健康生活」的需求顯著不同。

這樣的差異往往會遇到許多現實層面的問題，所以想要實踐跨代共居，首要之務就是要將各自的健康生活需求，透過建築規劃設計公領域到居住的私領域空間中，讓彼此的生活既能滿足各自不同的生理需求，但又能有各自合宜的活動公設空間，若能以此規劃出讓整體居住環境符合健康社群生活機能圈的藍圖，結合健康生活物業服務商，並能實踐運營，就能打造出一個完善的跨代社區。

獨居生活已成常態

由於現代競爭激烈、經濟壓力大、社會問題多等等因素，導致越來越多年輕人選擇單身或不婚，進入所謂的「單獨生活戶」，也就是單獨居住、獨自生活的狀態。根據內政部戶政司的統計，截止 2020 年底，台灣的單獨生活戶已突破 300 萬大關，占台灣家庭總戶數 34% 以上，以總人口 2,300 萬來算的話，超過 13% 的民眾是一個人居住，不論是迫於無奈、出於個人意志或與另一半離異，各年齡層都普遍存在獨居現象，如今也逐漸成為一種社會現象，引起人們的關注與反思。

表 1-1-2　家戶結構年報表
Table 1-1-2　Annual Statistics of Household Structure
資料時間：民國 110 年底 End of 2021

單位：戶、%　Unit：Household, %

地區別 Administrative Area	總計 Total	一人家戶 One-person Household		二人家戶 Two-person Household		三人家戶 Three-persons Household	
	戶數 Households	戶數 Households	比例 Percentage	戶數 Households	比例 Percentage	戶數 Households	比例 Percentage
全國 Taiwan	9,006,046	3,133,858	34.80	1,873,035	20.80	1,629,386	18.09
新北市 New Taipei City	1,620,858	597,759	36.88	339,245	20.93	295,667	18.24
臺北市 Taipei City	1,052,554	405,280	38.50	227,355	21.60	190,534	18.10
桃園市 Taoyuan City	862,126	291,996	33.87	174,040	20.19	158,335	18.37
臺中市 Taichung City	1,017,306	310,930	30.56	204,521	20.10	195,105	19.18
臺南市 Tainan City	709,898	237,010	33.39	148,493	20.92	131,310	18.50
高雄市 Kaohsiung City	1,128,756	417,976	37.03	248,874	22.05	206,250	18.27

圖 1　111 年第 3 季住宅資訊統計

參考來源：內政部不動產資訊平台

獨居生活下的社會哀歌

在所有年齡層中，獨居老人是最弱勢的一群，由於子女離家自立門戶、另一半離世或分居離婚等因素，迫使許多長輩只能一個人生活，當年紀越大、行動越不便時，如果政府或民間社福團體沒有伸出援手，那就會延伸出另一種社會病——孤獨死。日本這種高齡化與高獨居現象的國家，以往對往生多日者的「特殊清掃」工作這幾年來需求量大增，原因就是「孤獨死」的案例逐年攀升。

據統計，日本每 20 分鐘就有一個人孤獨離世，這些人沒有人照顧、沒有人送終，人口老化、少子化，加上高比例的獨居以及人際關係的疏離、政府失能的多重因素疊加之下，導致通常離世好幾天後才被人發現。

日本和韓國有四成的孤獨死落在了青壯年的50至59歲，而且也並非只有單身者才會遇到，很多案例都是已婚人士，這些案例告訴我們，孤獨死並非獨居老人的專利，現在人越來越依賴虛擬的網路世界，影響與他人互動的頻率，致使人際關係疏離、生活孤立，分居離婚及不婚比率急遽攀升，才會讓獨居死呈現年輕化的趨勢。很多人活在一邊享受獨居生活的自由，一邊又擔憂自己有一天也會孤獨死的恐懼中，卻又無能為力改變。如今同樣邁入高齡寡居時代的台灣，有600萬人有同樣的境遇，如何有效處理這個社會問題，也成為政府的一大挑戰。

孤獨死如何解套

沒有人想孤獨死，但在養兒防老也失去作用的情況下，一切都只能靠自己，有餘裕的人會事先做好個人的理財規劃或購買一些保險，比如醫療險和意外險等，除了能保障自己有足夠的存款能支撐自己生活開銷外，遇到突發狀況時也有個保險給付，然而更多人沒有這樣的打算，只守著一個大房子，直至臨終才要面對遺贈稅負及繼承問題，卻不知及早把資產投資在當下更健康的生活上。

當然這是最理想的情況，很多人可能連基本的生活費都已經捉襟見肘了，更別談投資買保險了，所以還是得仰賴地方政府的介入，很多社區里長會將里內的獨居老人列冊紀錄、定時派人關懷、送餐等，或者提供社區共餐等服務，但是這也只是杯水車薪，有限的預算和人力很難兼顧到每一個獨居老人的需求、提供完善的照料，如果有一個方案能將有時間、有經驗的退休樂齡族與忙於工作的年輕人安排同住一個屋簷下，交換彼此閒置的資源，讓老有所終，壯有所用，幼有所長，打造優於青銀共居的共享社區，豈不美哉？而「跨代共居」的落實將是解決這一困境的最佳良方。

表 1　目前為熟齡族打造的住宅類型

安養院	適合生活無法自理、需高度照護的人，提供安養、養護等長照服務。
養生村	適合手頭寬裕、身體健康的人，具有樂齡、休閒、養生、三餐供應、24 小時醫療照護等功能，可以說是最頂級的類別，知名代表有長庚體系的「長庚養生村」。
老人公寓	由各縣市社會局所設，屬於公辦民營機構，所以收費親民，具簡單的生活機能以及供餐和醫療服務，適合能生活自理、預算不多的人。
老人共居	以合租、共購或合建的方式取代獨居，除了熟人能互相照顧外，也減輕了生活成本，社工人員也免去四處奔波的時間。
青銀共居	主要是讓青年、學生以低於市價的行情和屋主當室友，代價是陪伴屋主並提供簡單的生活協助；或是以每月空出 20 小時陪伴長者，來換取房租減免。

以上這些方案，真的是你想要的退休後生活嗎？至少這些都不是我的理想退休生活。

9-2 何謂頂層設計？

頂層設計的英文是 Top-Down Design，也有人把它稱作頂層思維，原本是一個系統工程學的概念，就是運用系統論的方法，以全面的角度，對執行項目的各個層面或要素進行統籌規劃，從根源上尋找解決問題的方法、進而實現目標。行之有年，如今已被廣泛運用在各個領域中。

頂尖的顧問公司麥肯錫也非常愛用這套理論，曾利用頂層思維成功規避風險，可見它也適合應用在健康管理顧問經營上。簡單來說，頂層思維可以理解為是一套成功達成目標的演算法，只要跟目標有關的領域，比如國家決策方針、都市設計、產品設計、甚至個人的學習計畫、求職等，都能應用。

表 2　頂層思維的流程分析

1	定義目標	目標要明確，比如數據化。
2	分解步驟	將流程拆解成數個步驟，細化執行項目。
3	解構細項	掌握各個步驟需要的變因與條件，再分析與統籌。
4	修正與調整	步驟執行過程中，不斷地調整與修正，直到流程順暢為止。
5	重複運作、調整直到達成目標	串接每個步驟的過程中，不斷地調整，直到達到目標。

頂層設計是建案預控系統

當頂層設計應用在了建築業上，它就像位在頂層的控制系統，能讓你從上往下看到過程中的每一個環節，精準控制預算，做出最合理的規劃，並達成目標，總而言之，頂層設計就是在前期做好規劃，實現對最佳目標值的預控。

房地產業需要頂層設計，就像建造一座城市需要從時間維度、空間維度、要素變數和人文、地理、氣候、資源、交通、人口等等廣泛的角度，用動態的、系統的、寬領域的、大縱深的視角去考慮問題一樣。

雖然目前有些房地產業者已在應用頂層設計這套系統了，但整體而言，大多還是聚焦在微觀的問題上，缺乏宏觀與整合的視角，從某種程度上來講，這也是房地產發展之所以混亂而缺乏統一的原因。從宏觀的角度來看，房地產產業的頂層設計不應該只是「居者有其屋」或是「住有所居」這樣簡單的目標而已，而是應該找出未來的價值，為整體產業開發出更多面向的可能性，或是在同性質中尋找差異性，以策略式的創新做出市場區隔，開發自己的藍海市場。

產品賣的是未來性，所以前期規劃很重要

「法蘭鑰地產行銷有限公司」中的頂層設計就是這樣的概念，我們在大陸有十幾年的相關案例規劃以及代銷經驗，非常了解項目的前期規劃有多重要，因為這會影響到後期你房子好

不好賣的問題，這話怎麼說呢？大家應該都知道，從土地開發到興建完成通常要花非常長的時間，最快也要三、五年才完工，如果你規劃與設計停留在當下的思維，等到三、五年後，就有可能跟不上市場真正的需求，所以推建案很大一部分其實是在賣你的未來性，至於未來性怎麼創造、未來的銷售市場怎麼開發以及相關的產品研發細節等問題，就需要一套完整的房產開發項目前期規劃了。

我們希望能幫客戶做好前期規劃，後期就不用煩惱建案賣不出去，所以包含市場調查、前期規劃、全案企劃、代理銷售、商業地產創新（也就是跨代社區產品規劃、跨代共居生活提案），甚至後期的建案銷售代理等，都是我們的業務範圍，大陸也有我們合作的開發商，未來我們也計畫將這些資源與服務進行整合，開發出一個提供房地產投資相關的全方位服務平台系統，畢竟從現在的趨勢來看，一個具整合性的平台比起只推動建案來得更有市場性。

為什麼要開發樂齡市場？

要談到跨代共居，首先就要了解樂齡市場本質上的需求，因為變老是人生必經的過程，目前醫療體系完備，慢性病居多，並非所有人都需要長照系統，很多國家很早就開始重視這個議題，尤其是人口老化嚴重的日本，也一直在努力推動許多熟齡相關的配套措施，本單元就帶大家了解各國一些較為特殊的作法，當然也能成為我們的借鑒，轉換思維為我們進入跨代共居生活做規劃調整。

日本樂齡生活的啟發

蝸居，一般就讓人有空間狹小、設備不全、環境髒亂等不太好的印象，但幾年前日本出現了一種給都市上班族住的蝸居公寓。雖然整體空間不大，只要 6 步就能從門口走到房間盡頭，但小小的房間內，除了生活設施一應俱全外，最讓人意想不到的是還具有「辦公」機能，也就是在建築物中，配置可以協助處理各種辦公事務的「辦公室小姐」、「管家」等相關人員。

這種公寓是專門提供給在公司附近租屋的上班族住的，因為集新成屋、價格便宜、距離市中心近、生活機能便利等多項優點之大成，使得蝸居公寓近年來在日本大為盛行。

但這並不能解決弱勢群體到了中老年獨居的困境，根據2020年的內政部統計數據，台北市65歲以上獨居老人的數量約為77,000人，約占總老年人口比例的16.5%左右。他們不是生活在不見天日的地下室，就是老舊的分租雅房內，令人擔憂的是，真實案例恐怕比這數字還要高！這些老人的處境，也是全台四萬多名弱勢獨居老人的縮影，由於年紀大了、病痛纏身，加上經濟拮据，很多房東拒絕承租（一般人對於凶宅認定有誤解），加上療養機構開銷大、社會住宅供不應求的情況下，被迫只能生活在社會的邊緣角落，無助地等待政府或社福團體伸出援手。

日本也有超過61萬名「下流老人」，這群人原先也是平均月入五萬的中產階級，只是年紀大了後無法再自食其力，逐漸成為收入少、存款少、能依賴的人也少的「下流老人」，為了從根本上解決問題，日本政府一直致力創造適合雅退的生活環境，根據勞動部的統計，台灣60～64歲人口的勞動參與率是36.4%，日本則高達65.8%，就是希望這群還有勞動能力的退休人口繼續勞動，秉持著「活到老，動到老」的樂齡原則，在自給自足的同時，也滿足精神與物質上的需求。

各國青銀世代共居火花

每個人一生平均可能有40年都投入在工作上，累積了豐富的閱歷與職場經驗，雖然年紀漸長，體力與專注力不如年輕時那般充沛與集中，但普遍擁有經驗豐富、工作時間彈性、強大的心理素質和穩定的工作態度等優勢，因此成為了職場上的新戰力。

而且退休不代表人的頭腦遲頓了、身體老化了、沒有精神了，很多人其實是因為年紀大了被迫退休，但心態其實還很年輕，而且還有長年的工作經驗，如果能將這群熟齡族再次投入職場中，與青壯世代一同工作、一起創業，就能有效截長補短，互補所需，也同時解決了中老年隱性失業的問題，而再次回歸職場也能讓他們重獲自信與成就感，替少子化所帶來的人力缺口續上新的替代力，可謂是一舉數得，而這樣一個健康的勞動生活，絕對也是未來最大的人力資源市場。

表 3　一般人眼中的樂齡族與實際上的樂齡族

刻板印象	實際樣貌
都很有錢	雖然有錢，但物質欲望低
高齡是一個龐大的市場	目前仍是各自發展的未整合市場
身體不好，需要人照顧	能獨立自主生活的人占 83%
古板、排斥學新的東西	有興趣、也能學得好
不會用 3C 產品	以前有 3C 兒童，現在有 3C 老人

把幼兒園搬進療養院

美國西雅圖的聖文森特（Providence Mount St. Vincent）養老院是一個將混齡生活空間打造得非常成功的案例，原先這裡只是單純的老人養護中心，在只有老人與照護人員的情況下，

這樣的環境氛圍一點都不令人開心，似乎人生只剩下等待終點這件事，於是療養院有了一個新想法：如果把幼兒園放在老人院旁邊會是怎麼樣的呢？

這個想法立刻就被執行了，在原本的療養院裡設立了一個幼兒園空間，小朋友跟大小孩們會定期互動，小孩子可以在老人跟前聽故事、跳舞、畫圖與一起吃飯。如此一來，整個養護中心每個人的心情都開朗了起來，老人們的生活有了期待，而孩子們也獲得了陪伴與經驗分享，實現了兩個不同世代共同生活的美好願景。

德國青銀共居公寓

德國的 Geku-Haus 公寓主要是租給年長者與青年，在這裡有著許多可愛又有趣的規定，像是交誼廳的食物只能在交誼廳享用，還會有很多可愛的標語杯墊，比如「我現在需要獨處」、「我對ＸＸ話題有興趣，歡迎找我聊天」等字眼，只要看到杯墊，就知道是否可以上前互動，這裡的年長者就像朋友一樣，會開導青年、提供諮詢與工作上的建議，偶爾也像家長一樣，會去幫忙採買食物，然後默默放在忙於工作的青年門口，讓他們能專心工作，重點是這些付出讓長者有被需要的感覺。

台灣社宅共居種子計畫

台灣其實也有這方面的計畫，像是新北市政府在新店央北青年社會住宅開辦跨世代共居計畫，只要提案經過審核者，就能直接入住，不同的房型租金也不同，最低 9,200 元起。

新北市政府希望透過多元居住樣態增加青銀世代的交流，增進跨代互動，於是在 109 年開辦央北社宅跨代共居種子計畫，希望藉著持續招募新的種子戶的方式，替社區帶來活力與改變，因此有意願的人必須提供關於「社區經營」、「周邊社區連結」、「生活體驗」、「親子兒童」這四類的創意提案，提案通過審核者，就能以低於市價的租金入住社會住宅。

110 年 9 月央北社宅迎來了第一批種子，一共招募了 24 戶的青年與長輩，除了與社區鄰里建立深厚情誼與關係連結外，也為打造跨代共居的生活環境而集思廣益，包含了一些公共空間、建築設施的體驗心得，以及不同年齡層可以共同參加的活動設計等，這些經驗將成為往後推廣至全國各個縣市社會住宅的參考指標。

居住層面的共享經濟

其他還有荷蘭 Humanities 安養中心的「學生住戶計畫」，以每個月 30 小時的「當好鄰居」作為交換條件，讓學生免費住進安養院；日本還有一個 Home Share 計畫，透過非營利團體「街ing 本鄉」的媒合，讓擁有自宅的獨居長者以免費或便宜的租金將空房間租給到東京讀書的學子，因為類似 home stay 寄宿家庭的作法，因此也被稱為「書生寄宿制的復活」。

美國國家科學院 NAS 在 2012 年的一項研究發現，社交上的隔離與孤獨感將會增加老年人的死亡率；美國楊百翰大學研究團隊則發現到，寂寞、缺少社會聯繫和獨居會增加二至三成的死亡風險。種種數據顯示，獨居老人有很高程度的死亡風險。

在大都市的房價居高不下，青年人買不起房只能承租小小套房的大環境趨使下，這種「青銀共居」的共享經濟策略，除了能解決長者獨居的風險外，也能緩和青年人住的問題，進而實踐跨代共融的理念。

既然已經有這些成功的案例，為何不直接引用推廣？由於這些都是國外的方案，綜觀醫療政策、人文環境、產業屬性等多方考量下，並不完全適用於國內環境，而且就目前國內現行的項目，又缺乏能夠做健康建築整體開發規劃、投放具備一定資產能力的族群產品，也缺乏長期運營的健康物業團隊，這些都不是只靠單純的空間租售加上分散型招商運作就能辦到的。

哪些地方適合轉型成跨代社區？

在後疫情時代下，人們改變了消費習慣，改採線上購物取代線下消費的模式，電子商務的崛起更是引發大量的倒店潮，實體店鋪被迫轉型，紛紛轉向網路尋求商機，開啟了線上辦公數位轉型的部署。黃金商圈因人潮退去失去以往的熱鬧繁華，空置下來的店鋪掛著招租廣告，乏人問津，根據 Google 數據分析，當商圈少了 41% 的人潮時，店租會暴跌兩成，在經濟情勢普遍衰退的情況下，這種街邊型的商圈型態該如何轉型呢？

商住用地的長尾效應

由於疫情的影響，2021 年台北爆發有史以來最驚人的撤店潮，空置率甚至超過 2008 年金融海嘯的程度，據統計，台北有 135 個商圈，其中有 7 個商圈的空置率超過 10%，由高至低分別是士林夜市 27.77%、微風廣場 14.39%、東區 13.86%、中山晶華 13.57%、天母 13.21%、公館 12.63% 以及西門町的 10.17%，由於來台觀光客銳減，受到最大衝擊的往往是最熱鬧、最為人熟知的商圈。

單純的商業用地或是商圈受創最為嚴重，相反地，商住混合型的商圈由於地點不錯，加上居住機能、社區維護都完善的情況下，反而維持住基本盤，單價都還是有百萬起跳，從這個差異就可以看出，這種臨近商圈的住宅是有市場的，當然也很適合開發成為跨代共居的地點，為什麼這麼說呢？我們都知道，一般養生村、銀髮住宅或是養老院都是設在離市中心較遠的地方，到哪裡其實都不方便，只有土地價格便宜，但如今有越來越多人希望住家可以臨近公園、醫院和健康生活機能圈，實現333原則，也就是過三個紅綠燈就能到公園、開車三分鐘就能抵達醫院、三公里的健康生活機能圈等這樣一個環境，但要達到這樣的目標需要結合相關產業一同運作，才有可能實現，如今商圈景氣低迷，卻也是跟進的大好時機。

商住混合的跨代社區大樓

如果有一塊商業用地，大多數建商應該都只想做純住宅的形式，其實不一定要把整棟樓層都蓋成套房，規劃成住商混合大樓其實效益更好，怎麼說呢？假設我們有一個600坪的基地，預計蓋23層樓，低樓層我們可以當作健康商業區，往上一點可以設置一些健康中心及健康物業空間，中高樓層的部分可以劃分成上下兩個區域，下層規劃成高性價比空間的青年公寓或共享辦公室等，最上面的樓層則安排作為健康訂製的樂齡住宅，是不是就是一個跨代共居藍圖的展現？

商住混合大樓的公設比也比較低，由於純住宅大樓沒有店面規劃，沒有人潮往來，因此擁有較高的私密性，通常低樓層會規劃為社區的公設空間，例如游泳池、健身房、閱覽室等，但長期使用率卻不高。

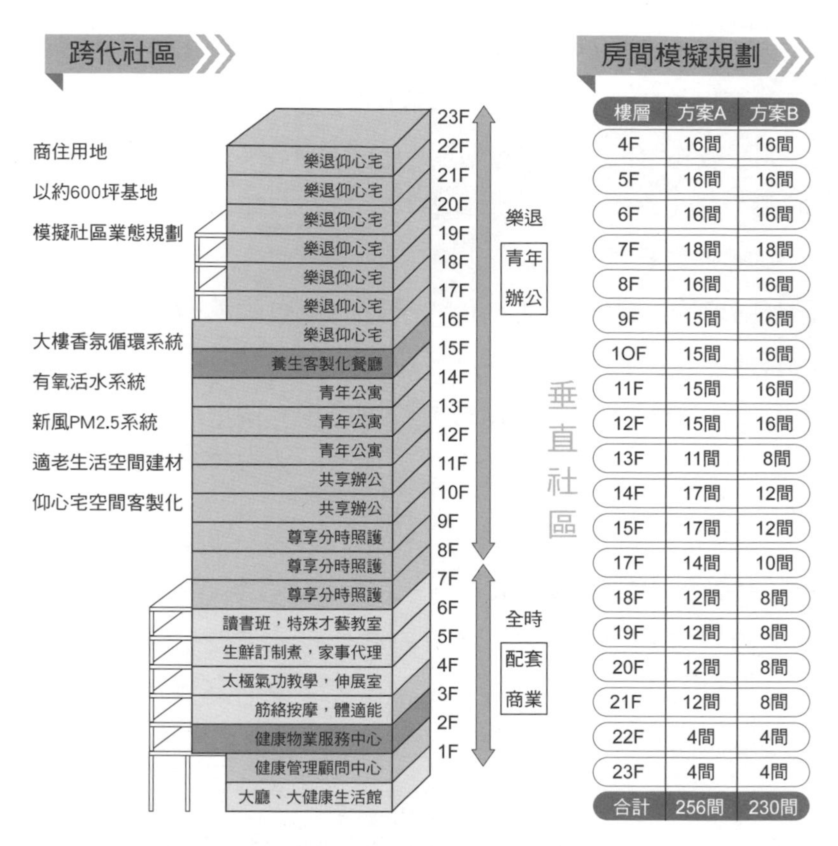

樓層	方案A	方案B
4F	16間	16間
5F	16間	16間
6F	16間	16間
7F	18間	18間
8F	16間	16間
9F	15間	16間
10F	15間	16間
11F	15間	16間
12F	15間	16間
13F	11間	8間
14F	17間	12間
15F	17間	12間
17F	14間	10間
18F	12間	8間
19F	12間	8間
20F	12間	8間
21F	12間	8間
22F	4間	4間
23F	4間	4間
合計	256間	230間

圖 2　商住混合的跨代社區大樓示意圖

在此要提醒大家一點，如果考慮要購買住商混合大樓的話，務必先去調閱謄本，謄本登記用途要是「住宅」或「商住」才可以買，如果登記是「一般事務所」或「工業住宅」的話，就容易出問題，這表示建商違反了使用分區的規定，因為是違法使用，因此你也不能去申請自用住宅稅率以及享受政府提供的各種優惠貸款，所以買屋前記得要做好功課。

表 4　商住混合大樓與純住宅大樓的優缺比較

	商住混合大樓	純住宅大樓
優點	· 周邊生活機能強 · 總價比較低 · 交通便利	· 出入人口單純 · 能保值、容易轉手 · 有較好的居住品質
缺點	· 出入人口複雜 · 管理有難度 · 銀行貸款成數低 · 公設損耗大 · 公用水電量大	· 房價總價較高（坪數大） · 公共設施多但往往閒置，且造成公設比高，形同購置過多虛坪 · 一般物業，每月卻要繳交過多管理費

將危機變轉機，閒置校園活化計畫

除了商圈受到影響，少子化的關係讓很多學校也經營不下去，不是面臨廢校就是併校的命運，這些廢棄的校園又該怎麼辦？對建商來說，其實這也是不錯的改造機會，校園面積大，不適合蓋豪宅，蓋多了有可能賣不完，應該規劃成有很多戶外活動空間的社區概念，而這正好是跨代共居需要的條件。

其實為了讓各地方可以活化這些閒置的校園，教育部國教署特別訂有《公立國民中學及國民小學校園（舍）空間多元活化注意事項》」，明訂可以作為幼兒園、社會教育機構、社會福利設施、觀光服務設施，或是配合地方政府之重大政策、社會發展、社區需求等用途的空間。

如今有很多轉型成功的案例，例如台東縣長濱鄉一所已經停辦的國小被規劃轉型為長期照顧中心，以因應當地老年人口長照之需求。另一間東河鄉的國小則被規劃作為日間照顧中心，這兩間學校都是配合地方政府的政策，轉型成為照護中心，成為當地關懷長者的據點。高雄市岡山一所國小經高雄市生命源共生家園發展協會改造，在占地 7,110 平方公尺的校區上，以照顧失怙老人、特境婦女、飛行少年、生活扶助戶、身心障礙者及失業者等弱勢族群為目地，打造「共生社區」，提供生活重建的場地。

台灣如今已有很多將空間與建築物的閒置再優化成功的案例，雖然大部分仍是配合當地政府的政策或因應社區發展的情況，但這也表示只要符合這些條件，也能發展成「跨代共居」的租賃服務空間形式（因土地分區性質，不能轉售，台中合勤共生宅就是一例），達成社會關懷，將服務和資源結合，是值得參考的方向。

9-5 什麼是跨代社區最重要的要素？

不病不痛、健康長壽的人生可以說是人人都嚮往的目標，然而年紀大了身體機能就會退化、健康出現問題，如果住家附近就有醫護資源，對年紀大的人來說，可是非常重要的設施，所以一個好的跨代社區就需要具備以下這些條件：

1. 高齡者的居住空間
2. 社區型的家庭醫師
3. 初級長照產業進駐
4. 照護物業服務團隊
5. 健康顧問相關專業

養生還是養醫生？

雖然醫療資源是跨代共居不可或缺的要素，但我們其實也可以從個人的預防醫學開始做起，所謂預防醫學就是為了預防各種疾病而採取的措施。一般疾病的形成可以歸納出幾種主要因素，包含個人長期的生活環境、飲食作息、感染媒介、身體的遺傳因子等影響，如果我們能在年輕時先針對這些造成疾病的原因進行預防，懂得養生之道，當年紀漸長，就可以不過度依賴醫生，只需健康照護管理即可。

營造健康導向的居住品質

在社會風氣的帶動下，不少人開始注重養生，不管是運動還是飲食，在挑著吃、健康吃和努力運動上都非常用心，在設計跨代共居藍圖時，其中最重要的一個環節就是營造一個能讓大家健康活動的公共空間，這些公共空間可以作為運動空間或是彼此交流資訊、舉辦活動的交誼廳等等，讓同一個社區的人們有交流的機會，進而建立深厚的情誼。除了社區內有空間能凝聚社區居民的向心力外，也可以透過發起健行、登山、森林療癒等活動，號召鄰居們走出家園互相認識彼此，成為健康社區社群。

在室內空間規劃上，大多數人都是直接找室內設計師，依據個人的喜好，設計自己喜歡的風格，但往往忽略了「訂製健康空間」，這也是我們未來的規劃方向，會依據個人的健康情況以及我們專業的「健康管理顧問中心」，量身訂製適合個人目前身體健康情況的健康生活空間。

除了鄰里關係與居住環境這種外在環境的影響外，如果我們吃穿用度甚至娛樂都有健康的規範與指引，相信即便老了也是活力滿滿的一群。

圖 3　跨代共居的大健康運營模式

打造人／環境／建築三位一體的友善社區

為了讓現代的家庭模式可以「走出小家、融入大家」，打破鄰里「零互動」的關係，可以通過舉辦一些社區活動創造交流的場合。當有一個領頭羊開始行動，就會讓整個社區逐漸活絡起來，居民們不再關起門過自己的生活，會開始走出家門，例如結伴買菜、旅遊、嘮嗑家常、幫忙接送小孩、一起做降低肌少症的運動，成立小區互助網等，讓留守家中的獨居老人也能有人照應。

俗話說得好，遠親不如近鄰，遠水救不了近火，只要一個招呼或一個微笑就能收獲善意的回應，建立良好的社區氛圍，當你有需要的時候，你就能感受到無窮的回饋。

共享廚房的意義

現在的人由於工作繁忙，不是靠著麵包就著咖啡應付一餐，就是三餐不規律，長期下來身體容易出狀況，若社區內設計一個共享廚房，有人煮飯、有人買菜，大家聚在一起吃飯，也能加深對社區的歸屬感。自己一個人住，煮飯通常是一個很頭大的問題，買的菜總是吃不完，最後只能丟掉，如果有一個共享廚房，是不是就能物盡其用了？

當然大家也可以在這裡討論要煮什麼菜，學習彼此的私房食譜，甚至一起合作開創全新的菜餚，也可以交流彼此自豪的美食。週末時，廚房也能提供烹飪課程、講座等活動，讓社區與鄰里因餐桌而凝聚在一起。

老中青三代健康社群

跨代共居最注重的就是健康管理與社區關懷的維度，前面也花了一些篇幅著墨，只是缺乏系統性地整理，以頂層思維來看，當我們要確定一個規劃案是否可行時，應從最高點往下俯瞰，進行一個廣泛的資訊收集以及列出每一個環境與需求，跨代共居雖然一般是指青銀這兩個世代，但人又分男女兩性，需求肯定不一樣，在細分下去，有孩子的年輕爸媽需求也不一樣，雖說是跨代共居，其實跨了不只兩代，這也是從頂層思維下才能注意到的細節，不同世代對健康的需求也不同，比如兒童需要心理諮詢、營養諮詢等；婦女有做月子、婦科護理的需求；中壯年有理財保險、工作壓力諮詢的需求等。只要把每一世代的不同需求都羅列出來，做出差異，就能成為新的大健康商業模式！

圖 4　各世代不同的健康管理顧問需求

簡言之，跨代共居社區就是建立在鄰里互助共生的基礎上，提供訂製健康的軟性物業服務，以及能容納三代共居的商住混合型社區，極具未來市場與開發價值。

跨代共居有何未來性與效益？

未來不缺房，超前部署差異化市場

我們法蘭鑰公司未來打算整合平台資源，將不動產顧問服務數位化，提供客戶全方位的房地產戰略規劃，針對未來性的銷售市場做前期規劃，從建築設計、委建施工到最後代銷／銷售／交屋，以及社區周邊商圈結合等，提供從前期規劃／委建／顧問到末端營運一條龍的服務，希望透過超前部署打造差異化市場，將土地和建築物的整體價值再次提升。

為什麼需要轉型呢？因為未來其實並不缺房，如今到處都在蓋房子，如果我們也一昧地去蓋房子，沒有競爭力的話最後一定會被市場淘汰，我想這也是很多同業必須要面對的問題，如今我們看到了新的契機！

以空間換取資源

我們一直在思考如何在未來的房地產市場做出差異性，最終掌握了兩個關鍵，一個是硬循環、一個是軟循環，所謂的「硬」循環可以理解成硬體設備也就是空間的循環利用。前面單元有提到，全部做成商業區或是住宅區都還是有閒置的風險，所以把商業空間融入住宅空間才是解決之道。那如何循環？循環不是你住完換下一個人住的意思，而是將資產活化，我在危老土地開發時遇到一個屋主，他很堅持一坪換一坪，我就跟他說，其實自己住可以不用那麼大的空間，如果有 100 坪的話，可以拆成三間，自己住其中一間，打掃清理也比較方便，其餘的兩間就可以拿去出租賺錢或換取其他資源，可以換取什麼資源呢？以跨代共居的循環架構來說，多出的空間可以承租給社區的輕度照護系統，讓有需要的人去使用，有一天換你有需要了，你就可以選擇入住照護系統，再將原本自住的房子拿去租給其他人，換取健康物業費用。這就是我所謂的活用，達到了以空間換取資源，而這些資源也能幫你換取到健康的生活品質！

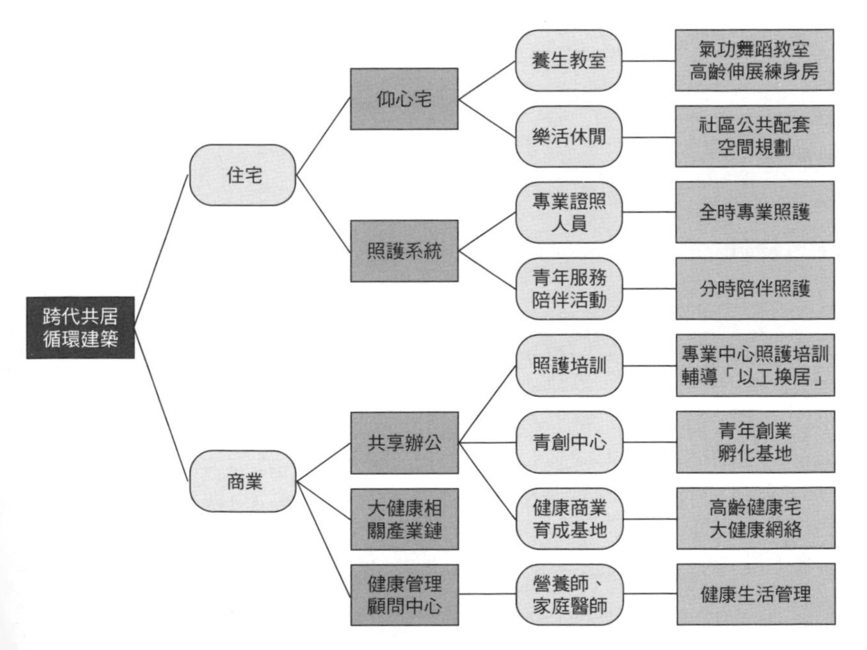

圖 5　跨代共居的硬循環結構示意圖

資產活用與循環

除了空間的循環外，另一個關鍵就是資產的循環，也就是我所謂的「軟」循環。首先我們先釐清資產活用這個概念，假設說你有能力購買一間 100 坪大的房子，你不一定就非得要買那麼大的房子，你可以評估自身的需求，比如你覺得未來會需要用到照護系統，你就可以用這筆預算買一套仰心宅的單位自住，再買一套青年公寓，不論是要出租出去或是留給下一代住都可以，這也是跨代共居建築的好處，因為是垂直式的設計，兩代可以住在同一個大樓內，但各自保有各自的生活空間，每一層還會因應不同的世代做出對應的規劃與服務。這就是資產活用的好處。

資產又該如何循環呢？大家應該多少有聽過「以房養老」這個觀念吧，就是拿房子去跟銀行貸款，銀行每個月給你一筆錢，等你走後，房子就歸銀行所有，銀行再拍賣房子清償你借過的貸款，因為跟一般的貸款模式相反，所以又叫做反向抵押貸款。

由於目前很多人的房子都拿去都更或是危老改建，而且大多數家庭只有一套房子，所以以房養老的趨勢有些衰退，加上如果還有下一代的家庭，父母就更不可能拿房子去抵押了。

不過這在跨代共居中有了解套，如果你有兩套房子，一套拿來自住，一套就可以用「以房養老」的方式抵押，依內政部委託精算，若以一套 1,000 萬的房子來算，65 歲的男性平均一個月可以領到 27,700 元左右，當然主要目的是換取社區內健康物業服務項目，這也就達到了區內經濟循環的目的，也就是我所謂的軟循環策略。

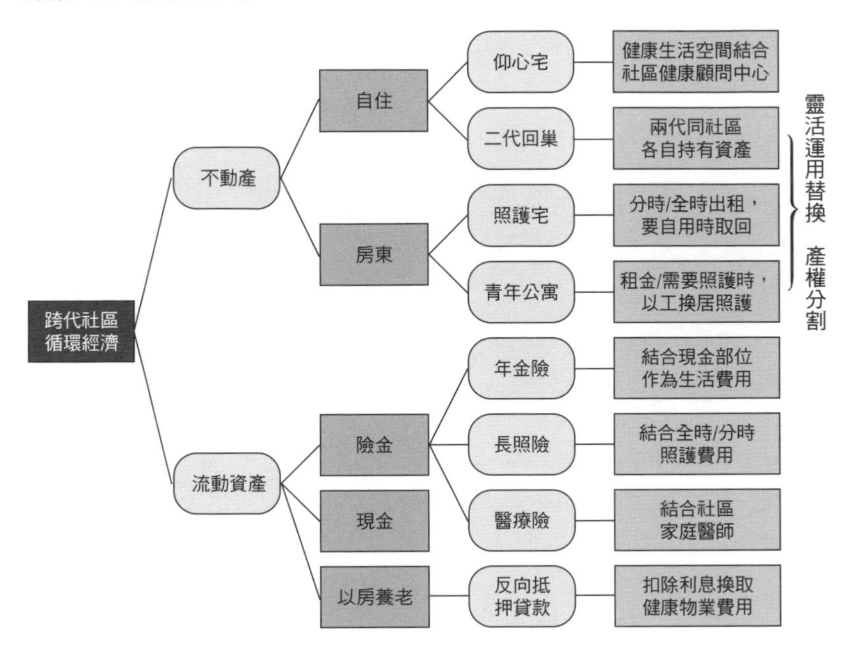

圖 6　跨代共居的軟循環經濟示意圖

這樣看下來，是不是對跨代共居有更進一步的認識了？跨代共居社區具有很龐大的經濟效益，「亞健康」才是藍海大市場，健康老後不須長照的人占 85% 以上，但 89% 老後有慢性病！還有更多細節的部分歡迎接洽合作，它不僅貼合人們對未來住家的需求與期許，更厲害的是還帶動了許多周邊經濟，也讓居住者越住越健康！如果真的落實了，將會迎來建商、住戶與健康社群運營方共贏的局面！

「跨越世代的共同生活」
以空間換資源，
以資源換健康生活！
社群「互助共生」社區，
環抱「健康訂製」生活，
建築「世代傳承」居所。

Cross-Generation Co-Living
跨代共居

※ 以上相關硬體規劃及軟性服務所有內容，皆受到中華民國著作權法，以及專利申請之世界智慧財產權組織（WIPO）公約所規定的智慧財產權之保障，請勿隨意散播，本公司定追溯護專利及著作權所生之民事訴訟及刑事訴訟法律保障之權益。請尊重相關法律，並歡迎接洽合作。

國家圖書館出版品預行編目資料

房產經營學／林宏澔、林言峰、柯建利、廖子奇、
林明忠、廖檠弘、張清松、陳志德、劉浩然 合著 --
初版 . -- 新北市：創見文化出版 , 采舍國際有限公
司發行 , 2023.08
面 ; 公分 --（優智庫 72）
ISBN 978-986-97636-8-4（平裝）
1. 不動產　2. 不動產業　3. 投資
554.89　　112007748

交易｜利潤分析｜趨勢｜行銷｜法規｜布局 必讀！

優智庫72

房產經營學

創見文化・智慧的銳眼

出版者／智慧型立体學習 創見文化
作者／林宏澔、林言峰、柯建利、廖子奇、林明忠、
廖棨弘、張清松、陳志德、劉浩然
總編輯／歐綾纖
副總編輯／陳雅貞
責任編輯／Dorae
美術設計／陳君鳳

免責聲明
每筆土地因面積、位置、形狀、面臨道路及適用法令不同，故投資土地之前，仍然需要讓專業人士再次確認興建面積。本書僅為購地參考，投資者仍需自負盈虧與風險，與作者和出版社無涉。

圖片引用聲明
本書部分圖片來自 Freepik 網站。

郵撥帳號／50017206 采舍國際有限公司（郵撥購買，請另付一成郵資）
台灣出版中心／新北市中和區中山路 2 段 366 巷 10 號 10 樓
電話／（02）2248-7896 傳真／（02）2248-7758
ISBN／978-986-97636-8-4 出版日期／2023 年 8 月

全球華文市場總代理／采舍國際有限公司
地址／新北市中和區中山路 2 段 366 巷 10 號 3 樓
電話／（02）8245-8786 傳真／（02）8245-8718

全系列書系特約展示門市
新絲路網路書店
地址／新北市中和區中山路 2 段 366 巷 10 號 10 樓
電話／（02）8245-9896
網址／www.silkbook.com

本書採減碳印製流程，碳足跡追蹤並使用優質中性紙（Acid & Alkali Free）通過綠色環保認證，最符環保要求。

本書於兩岸之行銷（營銷）活動悉由 智慧型立体學習 與采舍國際公司圖書行銷部規畫執行。